Sax-Führer

Mit dem **Wilden Robert** durchs Oschatz-Mügelner Land

Matthias Pleul

Sax-Verlag Beucha

Fotos stellten zur Verfügung:

Hansjörg Beyer, Berlin
Joachim Engler, Oschatz
Andreas Funke, Oschatz
Niels Kunick, Oschatz
Matthias Pleul, Oschatz
Eckhard Riedel, Wermsdorf
Steffen Schnurpel, Dahlen
Lothar Töpfer, Berlin
Claus Ernst Wappler, Wermsdorf

Die Deutsche Bibliothek - CIP-Einheitsaufnahme

Pleul, Matthias:
Mit dem Wilden Robert durchs Oschatz-Mügelner Land / Matthias Pleul. - 1. Aufl. - Beucha : Sax-Verl., 1995
(Sax-Führer)
ISBN 3-930076-17-9

ISBN 3-930076-17-9

1. Auflage 1995

Gestaltung: Matthias Dittmann, Mügeln
Herstellung: Messedruck Leipzig GmbH
Printed in Germany

INHALT

HERZLICH WILLKOMMEN!

Ein Buch ist ein Garten,
den man in der Tasche trägt.

- Arabisches Sprichwort -

Schon so manches Kleinod unserer sächsischen Heimat wurde in Büchern aus dem Sax-Verlag vorgestellt - eine Eisenbahn war allerdings noch nicht darunter! Dabei wecken gerade diese - sogar heute im Zeitalter des Autos - bei den meisten Menschen unbändige Reisegelüste. Mit modernen Intercity-Expreßzügen erreicht man hunderte Kilometer entfernte Reiseziele, ja ferne Welten innerhalb kürzester Zeit.
Vorliegende Broschüre will uns dagegen zu einer Reise mit einem Zug einladen, der sich weniger großspurig gibt und dessen Geschwindigkeit weitaus bescheidener ist: In anderthalb bis zwei Stunden bimmelt und bummelt er seine knapp 18 Kilometer lange Tour von Oschatz über Mügeln nach Kemmlitz ab! Nur am letzten Sonntag jeden Monats sowie an Feiertagen ist er unterwegs, keine bizarre Felsenwelt erwartet uns, keine atemberaubende Landschaft, und doch muß es da etwas ungemein Anziehendes geben, wenn man in den Abteilen nicht nur das vertraute Sächsisch, sondern ebenso häufig Bayrisch, Englisch und Französisch oder gar amerikanischen Slang vernehmen kann.
Den Großteil seines Wegs dampft unser Zug entlang der Döllnitz, jenes 48 Kilometer langen Bächleins, das in einem Kartoffelkeller entspringt, aber unweit seiner Mündung in die Elbe bei Riesa sogar schiffbar ist und den größten Hafen Sachsens beherbergt. Jener Döllnitz verdankt unsere Bahn auch ihren heutigen Namen, doch derlei linguistische Kreationen machen es insbesondere dem Auswärtigen schwer, bekanntlich haben die Sachsen für alle wichtigen Dinge im Leben einen eigenen Begriff: So heißt das friedlich dahinplätschernde Flüßchen bei den hiesigen Einwohnern »Delze«, und auch seine Schmalspurbahn

nennt man im örtlichen Jargon keineswegs »Döllnitzbahn«, sondern »Wilder Robert«!
Zu den »gemiedlichen« Sachsen paßt sie aber allemal: Eine beschauliche Fahrt mitten durch Oschatz und Mügeln steht uns bevor, wir durchqueren Wiesen, Täler und Felder, bimmeln vorbei an kleinen Dörfern und balancieren mutig über niedrige Brücken.
Wer gelernt hat, mit dem Herzen zu sehen, der wird so mancher einst berühmten Persönlichkeit begegnen, August dem Starken etwa, der in einer galanten Kutsche zu seinem Jagdschloß Hubertusburg prescht, oder König Friedrich August III., der zu gleichen Zwecken unsere Bahn benutzt; er wird auch fleißige Oschatzer Handwerker kennenlernen, die ihre Stadt nach jeder Feuersbrunst von neuem aufbauen mußten, und Meißner Bischöfe, denen Mügeln so gut gefiel, daß sie hier ihren Ruhesitz wählten.
Mit etwas Phantasie wird er sich auch jenen längst verstorbenen schnauzbärtigen Lokführer Robert vorstellen können, der wegen seiner »wilden« Fahrweise nicht nur bei den Geschirrführern berüchtigt war und so manches durchgegangene Pferd auf dem Gewissen hat, das sein Leben beim Roßschlächter beendete. Auch von unzähligen anderen Eisenbahnern wird zu hören sein, die einst mit ihrem Tagwerk unserem Landstrich im Süden des Kreises Torgau-Oschatz den wirtschaftlichen Aufschwung brachten.
Der Leser soll selbstverständlich auch erfahren, was an den kleinen Dampflokomotiven so Besonderes ist, daß gerade sie unsere Schmalspurbahn so berühmt machen und deretwegen so mancher viele hundert Kilometer Anreise in Kauf nimmt.
Natürlich wird auch von der spektakulären Rettung unseres Wilden Robert zu lesen sein und von den Zukunftsträumen, die er hat. Das Kapitel über den Neuanfang (»Gleise verpflichten!«) wurde übrigens vom Berliner Hansjörg Beyer verfaßt, dem an dieser Stelle noch einmal herzlich gedankt sei. Er war von Anfang an bei der Rettung unserer Bahn dabei, so daß der Leser die spannende Story aus berufenem Munde

erfahren wird. Selbst wenn die Sachsen sich kopfschüttelnd wundern: Ausgerechnet Berliner waren es, die unsere ursächsische Schmalspurbahn retteten!
So ist wohl hinlänglich bewiesen, daß der noch zur Jahrhundertwende »tobende« sogenannte *»sächsisch-preußische Eisenbahnkrieg«* längst den Geschichtsbüchern angehört und - mehr noch! - gut zweihundert Jahre nach dem Friede von Hubertusburg (1763) eine freundschaftliche Zusammenarbeit zwischen unseren beiden zerstrittenen Volksstämmen durchaus ihre Früchte tragen kann.
Gedankt sei ebenfalls allen anderen, die mit Bildmaterial sowie Rat und Tat zu vorliegender Broschüre beitrugen, allen voran den Herren Lothar Töpfer (Berlin) sowie Claus Ernst Wappler (Wermsdorf), die historische Fotos aus ihren umfangreichen Privatsammlungen zur Verfügung stellten.
Verbliebe noch, viel Spaß beim Schmökern zu wünschen, und: Besuchen Sie den Wilden Robert mal wieder!

EINSTEIGEN BITTE!

Lesen und reisen macht klug.

- Deutsche Volksweisheit -

Machen wir uns bekannt mit dem Wilden Robert und seiner Heimat, dem Oschatz-Mügelner Land! Begeben wir uns also auf den Bahnhof Oschatz, der an der ältesten Ferneisenbahn Deutschlands zwischen Leipzig und Dresden liegt, denn hier, gleich neben seinem großen Bruder, steht unser Schmalspurzug zu seiner Reise durch Oschatz über Mügeln nach Kemmlitz bereit. Falls wir noch keine Fahrkarte haben, können wir diese selbstverständlich am Packwagen nachlösen, und für die wachsende Schar der Öko-Freaks sei an dieser Stelle angemerkt, daß man da auch seine Fahrräder aufgeben kann.
Inzwischen wurde unsere Dampflokomotive angekuppelt, die nun, genüßlich vor sich hin paffend, der Abfahrt harrt. Ob der Weisheit ihres Alters erhaben über jegliche Geschwindigkeit würdigt sie die drüben auf der Hauptbahn vorbeidonnernden Züge keines Blickes. Anscheinend träumt sie gerade von alten Zeiten oder philosophiert vielleicht darüber, warum bloß alles Neumodische immer mit Schnelligkeit und Unrast zu tun haben muß? Und doch - welch Widerspruch! -, wie alle älteren Damen freut sie sich ausgerechnet über die rastlosen, ewig quirligen und stets lauten Jüngsten, die sie mit großen Augen ansehen und immer alles ganz genau wissen wollen, rückt sich auch nicht gerade uneitel in Pose, wenn Papa sie fürs Fotoalbum ablichtet. Sie steht nun einmal gern im Mittelpunkt; und was gibt es in ihrem nicht leichten Betriebsalltag denn Schöneres, als am Wochenende ein buntes Gewimmel am Bahnsteig zu erleben?
Da der Zug oft vollbesetzt ist, sollten wir nicht versäumen, uns rechtzeitig einen Sitzplatz in einem der betagten Personenwagen zu sichern. Die beste Aussicht genießt man übrigens auf der rechten Seite; sehr begehrt sind auch die - natürlich zuschlagfrei zu be-

nutzenden! - Stehplätze auf den offenen Plattformen. Es gibt ausgesprochene Liebhaber der Duftnote von schlecht verbrannter Kohle, heißem Öl und Wasserdampf, die sich gern einnebeln lassen, wobei allerdings das Tragen gedeckter Kleidung angeraten ist.
Bis zur Abfahrt verbleibt noch Zeit, und so sehen wir uns ein wenig auf dem Gelände des Oschatzer Bahnhofs um. Beim Bau der Leipzig - Dresdner Eisenbahn im Jahre 1838 eingeweiht, wurde er mit Eröffnung der Schmalspurbahnen nach Mügeln (1885) und Strehla (1891) zu einem wichtigen Anschlußbahnhof.
Da in Oschatz zwei Spurweiten aufeinandertreffen, hat er sogar den besonderen Status eines sogenannten Spurwechselbahnhofs! Zahlreiche Anlagen - wie eine große, längst abgerissene Halle - dienten der Umladung verschiedenster Güter aus den regelspurigen in die kleinen schmalspurigen Waggons und umgekehrt. Das war natürlich sehr aufwendig, deshalb ging man bald dazu über, die Regelspurwaggons im Huckepack-Verfahren über die Schmalspurgleise zu befördern. Ab 1898 nutzte man kleine Rollböcke, die - paarweise eingesetzt - jeweils eine Achse des Regelspurwagens trugen, was natürlich eine äußerst kippelige Angelegenheit war. Weitaus betriebssicherer ist das seit 1912 angewandte Verfahren, die großen Waggons auf stabile, niedrige Rollwagen zu schieben. Die Erfindung jener Rollwagen war so einfach und genial, daß man nichts Besseres mehr fand, und die beiden Oschatzer Rollgruben sind bis heute in Betrieb. Obwohl es schon seit Jahrzehnten keine Rollböcke mehr gibt, spricht man immer noch von »aufgebockten« Wagen, manches Neue braucht halt seine Zeit, bis es sich in unserer Sprache niederschlägt!
Seit Ende 1993 gibt's auch wieder eine Umladehalle, natürlich eine viel modernere, die nun den Schmalspurteil des Oschatzer Bahnhofs beherrscht; hier wird Kemmlitzer Kaolin aus Kippfahrzeugen unserer Bahn in bereitstehende Regelspurwagen umgeschlagen, um dann die Reise in die große weite Welt anzutreten. Tagtäglich kann man diese Zeremonie auf dem

Oschatzer Bahnhof miterleben und sich davon überzeugen, daß die alte Bimmelbahn durchaus ein Wörtchen in Sachen moderner und umweltfreundlicher Transporttechnologien mitreden kann. Die Strecke Oschatz - Mügeln - Kemmlitz ist übrigens die letzte Schmalspurbahn Sachsens, die heute noch ihre Brötchen vor allem mit regelmäßigem Güterverkehr verdient! Eine große Tafel verrät uns auch, daß wir für unsere Reise die erste nichtbundeseigene Eisenbahn unseres Landes benutzen.

Näheres hierzu werden wir später erfahren, denn inzwischen ist die Abfahrtszeit herangerückt, und unser Zug setzt sich mit lautem Pfeifen und Bimmeln in Bewegung. Früher fuhr der Wilde Robert mitten über den Bahnhofsvorplatz, doch in den zwanziger Jahren verscheuchten ihn die aufkommenden Benzinkutschen, und so stürzt er sich nun in beträchtlichem Gefälle hinunter ins bunte Treiben der Stadt.

In unmittelbarer Nähe der Bahnhofsausfahrt mit Stellwerk zweigte bis 1972 die Strecke nach Strehla ab, ein

eigenartig windschief erbautes Wohnhaus an der Bahnhofstraße markiert den einstigen Trassenverlauf. Diese Bahnlinie hatte selbstverständlich immense Bedeutung für die Entwicklung von Handel und Wandel, was unter anderem ein Brief dokumentiert, der vor vielen Jahren beim Geschäftsführer der Strehlaer Steingutfabrik einging. Sein Absender war ein holländischer Kunde, welcher sich herzlich für den Privat-Sonderzug bedankte, der ihn pünktlich nach Oschatz brachte. Selbstverständlich hatte man ihm verschwiegen, daß es »nur« ein regulärer Personenzug war! (Nichtsdestotrotz, im Güterverkehr war die Strecke nach »Toppstrehle« hochwichtig, denn dort bestand ein Elbkai-Anschluß, es war die einzige schmalspurige »Hafenbahn« Sachsens!)
Noch etwas Bemerkenswertes gibt's bei der Ausfahrt zu sehen: Ein Regelspurgleis mündet in unsere Strekke, auf dem Rangiereinheiten mittels einer dritten Schiene unseren Gleiskörper mitbenutzten, denn hier in Nachbarschaft des Oschatzer Bahnhofs siedelten sich im Laufe der Jahre zahlreiche Industriebetriebe an, die ab 1894 eine eigene Anschlußbahn erhielten. Für uns ist dieses einträchtige Miteinander willkommene Gelegenheit festzustellen, daß die Spurweite

Wer fährt wo? Der Abzweig zur Oschatzer Zuckerfabrik

unserer kleinen Bahn mit exakt einem dreiviertel Meter etwa die Hälfte der mitteleuropäischen Regelspur von 1435 Millimetern beträgt.

Nachdem die Bahnhofstraße gekreuzt ist, erblicken wir links die kläglichen Reste des einst bedeutendsten Anschlußbahn-Kunden, der ehemaligen Oschatzer Zuckerfabrik. Bis zum Jahre 1970 haben hier unsere Schmalspurlokomotiven in der allherbstlichen Saison tagaus, tagein überlange Güterzüge, randvoll beladen mit Zuckerrüben, ins Fabrikgelände geschoben.

Vorbei am historischen *»Städt. Elektrizitäts-Werk«* nähern wir uns dem Stadtzentrum, man könnte fast meinen, mit der Oschatzer Straßenbahn zu fahren. Wir überqueren die Bundesstraße B6 - einen seit Urzeiten als Hohe Straße bekannten und von Breslau bis Frankfurt am Main führenden Handelsweg, den bereits im Mittelalter die Kaufleute mit ihren Fuhrwerken auf der Reise zur Leipziger Messe nutzten. Weniger vermögende Handwerker und Bauern gingen damals allerdings zu Fuß mit einem Handkarren, der je nach Landstrich Schiebbock, Radekarre oder Radebere hieß. Heute noch kräftig rollend (und zwar ihr Zungen-R!) wissen bisweilen ältere Oberlausitzer zu berichten: »Frieh'r sein de Leute mit d'r Row'r vun d'r Äw'rlausitz bis nach Leipzch uff de Messe gefohr'n!« Auch auf der Straße rollt's heutzutage munterer denn je; damit uns niemand die Vorfahrt nimmt, bändigt ein Dompteur des Mügelner Bahn-Fördervereins, unablässig mit einer Warnflagge drohend, die wilden Horden der blechernen (und pappenen) Edelrenner.

In großem Bogen rollen wir in den Haltepunkt Körnerstraße ein, der um die Jahrhundertwende eingerichtet wurde und sich stets regen Zuspruchs erfreute, ist doch die Innenstadt von hier aus in wenigen Minuten zu erreichen. Ein kurzer Halt, ein schriller Pfiff - wir setzen unsere Fahrt fort, balancieren auf einer 43 Meter langen Stahlbrücke zum ersten Mal über die Döllnitz und zwängen uns in den verbleibenden Raum zwischen Bundesstraße und der hohen Stützmauer zum tief unten dahinfließenden Bach.

Apropos Stützmauer: Die Oschatzer Bevölkerung ist keineswegs so brav und provinziell wie es dem Zugereisten auf den ersten Blick scheinen mag. Escha! Schon lange vor der Ära aktionsgeladener Videos kannte man den Sinn für Nervenkitzel! In einer alten Zeitung ist es nachzulesen: »*In der Nacht vom 19. zum 20. September 1885 haben rohe Buben an das Gleis der Secundärbahn vier Holzkeile regelrecht eingeschlagen, um eine Entgleisung herbeizuführen. Wäre dieselbe erfolgt, so hätte der Zug unweigerlich über die hohen Ufermauern ins Bett des Döllnitzbaches hinabstürzen müssen. Glücklicherweise hat die Lokomotive des um 5.17 Uhr von Mügeln kommenden Zuges das Hinderniß selbst beseitigt.*«
Diverse Abstürze hat es dennoch gegeben, wenngleich aus anderer Ursache: So machte im März 1906 der Wilde Robert mit seinem Geschnaufe und Gepfeife die Pferde eines Gespanns derart nervös, daß sie dem Geschirrführer durchgingen und schließlich die ganze Fuhre an der Hospitalstraße im Bach landete. Selbstverständlich revanchierte sich der Straßenverkehr! An gleicher Stelle kollidierte nämlich im Februar 1946 ein LKW mit einem Zug und schubste die beiden vorgespannten Lokomotiven ins Wasser hinunter. Zeitzeugen wissen zu berichteten, daß sich damals bei allen vorbeifahrenden Personenzügen die Wagen bedrohlich in Richtung Döllnitz geneigt haben sollen, dies angeblich wegen der ungünstigen Gewichtsverteilung, denn alle Augenpaare klebten an den Fenstern der dem Bache zugewandten Wagenseite. Auch zahlreiche Oschatzer Spaziergänger pilgerten damals zur Unglücksstelle, schließlich sieht man ja nicht alle Tage schwimmende Lokomotiven!
Doch überlassen wir solcherlei Szenario dem Privatfernsehen und genießen lieber den sich bietenden Anblick des historischen Stadtbilds, beherrscht von der eindrucksvollen Silhouette der zwei gewaltigen Türme der St. Aegidienkirche. Besonders bei den beliebten Mondscheinfahrten auf unserer Schmalspurbahn bietet sich ein prächtiges Bild, das nicht nur

unseren hochverehrten Mitreisenden aus »Kölle« am Rhein ein vertrautes Gefühl vermittelt und sie in helle Begeisterungsstürme versetzt.
Unweit unserer Bahnlinie verlief die Stadtmauer des mittelalterlichen Oschatz, so daß man durch die engen Straßen und Gassen teilweise bis zum Marktplatz schauen und einen Blick auf das 1537/38 erbaute Rathaus erhaschen kann. Erst kürzlich fanden umfangreiche Restaurierungsarbeiten statt, und es hebt sich nun in leuchtendem Weiß unverkennbar von seiner Umgebung ab.
Man beachte auch unscheinbare Details am Rande des Schienenstranges: Im Schlußstein einiger Straßenbrücken, die sich über die Döllnitz spannen, ist das Oschatzer Stadtwappen eingemeißelt!
Selbst der Naturfreund kann bereits auf der Fahrt durch Oschatz seine Studien betreiben (insofern er schwindelfrei ist). Der Bach wird nämlich von Enten bevölkert, so daß sich je nach Jahreszeit Gelegenheit bietet, diesen beim Brüten zuzusehen, den Nachwuchs im Gefolge der Frau Mama oder die Flugversuche der ungestümen Jugend zu begutachten.
Natürlich haben die Bahnbauer auch an diejenigen gedacht, die auf der gegenüberliegenden Wagenseite sitzen: Sie betrachten bitte den weit und breit lebenserfahrensten Baum seiner Familie - die rund ein Vierteljahrtausend alte Flatterulme - sowie die kleine Kirche am Friedhof.
Und schließlich kann sich der am ewig Menschlichen Interessierte bei der Vorbeifahrt an Hinterhöfen bisweilen recht aufschlußreiche Einblicke in das Privatleben unserer lieben Mitbürger verschaffen.
So dürfte wohl jeder auf seine Kosten kommen, und wir erreichen gutgelaunt Oschatz Süd. Von hier nutzten früher täglich Hunderte von Arbeitern und Schülern die Personenzüge. Auch sonntags konnte nicht über Publikumsmangel geklagt werden, denn ab der Jahrhundertwende ging's mit der Bahn zum obligatorischen Wochenendausflug ins Döllnitztal zwischen Altoschatz und Thalheim.

Nun, der Schülerverkehr erlebt zur Zeit sein Comeback, und von den Ausflüglern wird diese Zusteigemöglichkeit auch wieder gern genutzt. So viele wie früher sind's allerdings nicht mehr, und das direkt am Gleis stehende Bahnhofsgebäude wirkt fast etwas überdimensioniert. In seiner typisch sächsischen Bauweise mit holzverkleidetem Obergeschoß erinnert es an jene Zeiten, als »Süd« die wichtigste Bahnstation zwischen Oschatz und Mügeln war und sogar Einfahrtssignale besaß. Für die Zugpersonale war das mithin eine recht bequeme Verkehrsstelle, denn der örtliche Fahrdienstleiter kümmerte sich um die Betriebsaufgaben. Gewisse Schwierigkeiten soll allerdings ein Schaffner gehabt haben, der aus Ostpreußen stammte und die Phonetik des Buchstaben »ü« nicht gerade zur vollsten Zufriedenheit seines Arbeitgebers beherrschte. Er rief beim Halt des Zuges immer: »Oschatz - Ziiieht!«
Den letzten Güterverkehrskunden hat der Südbahnhof längst eingebüßt. Es war ein kleiner Betrieb, der nicht etwa abgewickelt wurde, sondern vor Jahren in Flammen aufging. Wen wundert's, dort wurden Kohleanzünder hergestellt, was im nachhinein die heute weit verbreitete Theorie: »Alle Ost-Produkte waren Mist« Lügen zu strafen scheint.

ZU FUSS DURCH OSCHATZ

O tempora, o mores!
(Oh Zeiten, oh Sitten!)

- Cicero -

Wenn wir zu dem beneidenswerten Personenkreis gehören, der nicht nur alten Lokomotiven Bestaunenswertes abringen kann, so sollten wir in »Süd« die Fahrt unterbrechen und uns zu einem Spaziergang durch die Oschatzer Altstadt einladen lassen, hierfür aber mindestens zwei Stunden einplanen, denn wir wollen ja - um es im hiesigen Jargon auszudrücken - alles »ordentlich beschnarchen«.
Vom Bahnhof geht's die ansteigenden Straße hinauf; oben halten wir uns halbrechts und versäumen dabei nicht, einen Blick auf den ehernen Bau des Thomas-Mann-Gymnasiums zu werfen, das 1871 als Lehrer-Seminar entstand. Fragt man einen alten Sachsen, welche Stadt im Mittelpunkt seines Landes liegt, so wird er sicher: »Oschatz!« antworten. (Bis zum Wiener Kongreß 1815 dürfte das durchaus den Realitäten entsprochen haben!) Dennoch kostete es seinerzeit einflußreichen Bürgern erhebliche Überzeugungsarbeit, dieses Seminar hier anzusiedeln, man dürstete förmlich danach, den Quell der Gründerjahre endlich auch in Oschatz sprudeln zu lassen. Dabei hat gerade Oschatz eine reiche Tradition auf dem Gebiet der Volksbildung: Nachweislich gab es bereits 1365 einen Schulmeister - damals konnte sich kaum eine andere Stadt solchen neumodischen Fortschritts rühmen!
Die Oschatzer Lehrerzunft brachte auch die meisten Persönlichkeiten hervor, so den Archidiakonus Carl Samuel Hoffmann, der eine umfangreiche mehrbändige Chronik der Stadt und ihres Umlandes verfaßte, und den Musikpädagogen Carl Gottlieb Hering, der unzählige Kinderlieder komponierte. Herings Sohn Constantin wanderte nach Amerika aus und begründete dort die medizinische Lehre von der Homöopathie, die - im Gegensatz zum Motto: »Viel hilft viel!« -

die Behandlung Kranker mit kleinsten Dosen an Heilmitteln beinhaltet.
Unser Weg führt nun zwischen hohen Bäumen entlang, man glaubt kaum, fast mitten im Zentrum zu sein. Schöpfer dieser Promenade war der einstige Stadtrichter Christian Wilhelm Hoffmann, der im Jahre 1797 - als die alte Stadtbefestigung ihre Schuldigkeit getan hatte - den umlaufenden Wassergraben verfüllen und diesen parkähnlichen Grüngürtel anlegen ließ. (Heutzutage würden stattdessen findige Immobilienhaie das Terrain sicher mit allerlei Bürohochhäusern zupflastern!)
Vielleicht waren es sogar diese Grünanlagen, die neben den zahlreichen Gärtnereien Oschatz den Beinamen »Gartenstadt am Collm« eintrugen. Übrigens, da das Wort »Collm« fiel: Mit jenem Berg ist die lyrische Interpretation der Oschatzer Namensgebung verbunden! Von dort oben soll dereinst vor vielen Jahren ein König mit seinem geliebten Weibe dem bunten Treiben in der entstehenden Stadt zugesehen haben. Wohl eher die Schöne denn die Stadt anhimmelnd, fragte er sie mit schmachtendem Blick, wie dieses Fleckchen Erde denn benannt werden solle. Als Antwort säuselte jene die liebreizenden Worte: »O Schatz, ich weiß es nicht!« an sein Ohr.
Forschungen eines beliebten Leipziger Kabarettisten zufolge wurde der endgültige Name jedoch erst in der Nachkriegszeit geprägt. Als damals neben der Konsum-Genossenschaft die staatliche Volkseigene Handelsorganisation entstand, soll ein Verkaufsstellenleiter sein bei der Konkurrenz beschäftigtes Frauchen angefleht haben: »Komm in die HO, Schatz!«
Wie dem auch sei, irgendetwas mit Liebe muß die Stadt wohl zu tun haben, wenngleich uns die Historiker einreden wollen, daß »Oschatz« vom slawischen »ozcek« herrührt, was man als profanes »Verhau« deuten könne. Ihre Entstehung jedenfalls hat sie der Döllnitz zu verdanken, oder besser deren an dieser Stelle für einen Flußübergang günstigem Tal. Am Punkt, wo sich Handelsstraße und Gewässer kreuz-

ten, entstand eine Verteidigungsanlage, aus der sich im 12. Jahrhundert - zu Markgrafen Otto des Reichen Regierungszeiten - eine fast kreisrunde Kaufmannssiedlung mit Marktplatz und umlaufender, doppelt angelegter Befestigungsanlage inklusive Stadtmauer mauserte.
Letztere kommt gleich in Sicht, genauer: deren Reste. Hinter dem kleinen Ausstellungspavillon entläßt ein Mauerdurchbruch die Altoschatzer Straße ins Freie, hier befand sich bis ins 19. Jahrhundert das gleichnamige Stadttor. Ob den Zeitgenossen damals wohl schwante, daß der Autoverkehr einmal diesen breiten Raum benötigen würde?
Begeben wir uns nun hinein in die historische Innenstadt und biegen sofort nach links in die kleine Frongasse ab. Wir finden uns regelrecht im Mittelalter wieder: Das Blickfeld beherrscht die alte Ratsfronfeste, in der sich früher allerlei Foltergerät befand und heute das Stadtmuseum eingerichtet ist. Dahinter träumt ein 1377 errichteter Wachturm im Dornröschenschlaf vor sich hin, und hoch oben an der Stadtmauer verläuft ein Wehrgang. Dies also verstand man seinerzeit unter Verteidigung!
Nach wenigen Schritten stoßen wir unweit der Klosterklause wieder auf eine Straße - An der Klosterkirche heißt sie, und gegenüber zweigt die Brüderstraße ab. All dies beweist, daß man im mittelalterlichen Oschatz nicht nur weltlichen Gelüsten frönen konnte. Die Stadtväter zeigten sich seinerzeit offen für alle Dinge des Lebens, und so erlangten anno 1228 Franziskanermönche die Genehmigung, im Schutze der Mauer ein Kloster errichten zu dürfen. Mittlerweile haben sich die Zeiten geändert; obwohl es manchem guttun würde, sind nur noch wenige für Enthaltsamkeit zu begeistern, und vom Kloster ist nichts mehr übriggeblieben - bis auf dessen Kirche, die uns in unschuldigem Weiß den sündenfreien Lebenswandel der Klosterbrüder weismachen will. (Ob's wohl Zufall ist, daß unweit der Brüderstraße eine Nonnengasse verläuft?) Der Bau jener Klosterkirche ging in drei

Etappen vor sich: Mit Errichtung des Klosters entstand um 1246 ein bescheidener Flachbau, 1381 bis 1428 folgten ein einschiffiger Saal, im 15. Jahrhundert schließlich eine symmetrische, zweischiffige Hallenanlage nebst achteckigem Turm und nördlich angebauter Annenkapelle.
Am anderem Ende der Brüderstraße befindet sich das Gericht und an der Stadtmauer ein zweiter Turm, der 1488 entstand und ab 1589 das Gefängnis aufnahm. Bei Wasser und bei Trocken-Brot hat hier so mancher auf frischer Tat ertappte Tunichtgut für seine Sünden gebüßt.
Von der Brüderstraße zweigt nach rechts die Klostergasse ab, nur wenige Schritte - und schon schieben sich in der engen Häuserschlucht die beiden Türme der St. Aegidienkirche ins Blickfeld. Wir betreten den Altmarkt, der durch starkes Gefälle gekennzeichnet ist, und uns gegenüber führt - steil ansteigend - eine Straße zum hochgelegenen Kirchplatz.
Bevor wir diesen erklimmen, sollten wir das unten in der langen Häuserzeile stehende »Hotel Weißes Roß« eines Blickes würdigen, das bereits 1477 urkundlich als Gasthaus nachgewiesen ist - es hatte seine nicht von der Hand zu weisenden Vorteile, ein Wirtshaus an einer wichtigen Handelsstraße zu besitzen. Daher ist das heutige, 1564 errichtete prächtige Gebäude eines der ältesten weltlichen Bauwerke der Stadt. Bei den beiden großen Stadtbränden blieb es glücklicherweise verschont, so daß man noch bis in jüngste Zeit in einem der urtümlichen Gästezimmer übernachten konnte. Angesichts der mittelalterlichen Räumlichkeiten soll schon manch Hotelgast in Erwartung umhergeisternder Gespenster des Nachts kein Auge zugetan haben, dem bettschweren Touristen sei jedoch versichert, daß dies völlig unbegründet war!
Etwas weiter links befand sich, auch bis vor kurzem, eine weitere Gaststätte, die als »Thomas-Müntzer-Haus« weithin bekannt war. Bereits der alte Geheimrat Goethe hatte seinerzeit auf der Reise nach dem Bade Teplitz am 19. April 1813 hier eine Rast einge-

legt, und zuzeiten der DDR gab so manches Künstleridol im großen Saal Konzerte, die stets bis auf den letzten Platz ausverkauft waren. Bliebe zu hoffen, daß die beiden gastlichen Häuser bald neue Betreiber finden, die sie wieder im Sinne ihrer ursprünglichen Zweckbestimmung nutzen.

Auch oben auf dem Kirchplatz - dem höchstgelegenen Punkt der Altstadt - ist allerlei Historisches zu bestaunen. Die meisten der hier befindlichen Gebäude entstanden im 15. und 16. Jahrhundert; ältere Häuser gibt es in Oschatz nicht, da während der Hussitenbewegung 1429 buchstäblich kaum ein Stein auf dem anderen blieb.

Erstes Haus am Platze (will bedeuten: das mit der Hausnummer 1!) ist das alte Rathaus. Die seinerzeit hier ein- und ausgehenden Bürgermeister waren in der Regel wohlhabende Meister der Wollweber-Zunft, dieses Handwerk führten einst flandrische Tuchmacher in Oschatz ein. Der bis heute erhaltene Innungsbrief und die Bestätigung der Handwerksordnung aus dem Jahre 1391 beweisen, daß dies spätestens im 14. Jahrhundert erfolgte. Der Geschichtsbewußte ist fast geneigt, dankbar für gewisse bürokratische Leidenschaften zu sein, die man schon damals ausgiebig pflegte, denn sonst wüßten wir das heute nicht so genau. Dagegen entzieht sich unserer Kenntnis, ob es in jenen Jahren bereits so etwas wie Seilschaften gab, die Tatsache jedoch, daß jenes Gebäude nach dem Bau des neuen Rathauses von der Wollweber-Innung übernommen wurde, läßt gewisse Parallelen zur Gegenwart vermuten. Man richtete hier das Siegelhaus ein, die Wollweber trugen ihre Tuche hierher, um sie vor dem Versand prüfen und siegeln zu lassen.

Obwohl die Wollweber-Zunft längst ausgestorben ist, hat die rührige Oschatzer Stadtverwaltung heutzutage so manchen Streit mit Rückführungsansprüchen auszutragen, die eine Sanierung des Gebäudes bislang verhinderten. Wie zu erfahren war, ist die Rekonstruktion aber geplant, sicher wird es dann zu einem echten Blickfang am Kirchplatz auferstehen.

Im Haus gegenüber befand sich die Stadtschreiberwohnung, hinter dessen Renaissancetür der Herr Beamte schnörkelige Buchstaben aufs Pergament kritzelte. Schließlich seien noch die Gebäude der Kirchenkanzlei und der Superintendentur erwähnt, die ebenfalls im 16. Jahrhundert entstanden. An der Nordseite des Kirchplatzes steht das Haus, in dem die beiden berühmten Oschatzer Herings wohnten - wir hatten bereits von ihnen gehört -, rechts davon befindet sich die Jungfrauenschule, »Anno 1621« errichtet, verrät der Schlußstein über der Eingangstür.

All diese kleinen Häuschen werden fast erdrückt vom mächtigen Bau der Kirche St. Aegidien. Das Sterngewölbe des Hauptchores und die Kreuzrippengewölbe der Nebenchöre stammen noch aus dem 15. Jahrhundert. Ihre heutige Gestalt erhielt sie jedoch erst vierhundert Jahre später, der verheerende Stadtbrand vom 7. September 1842 hatte das Gebäude arg in Mitleidenschaft gezogen.

Oschatz glich an jenem Tage einem aufgewühlten Ameisenhaufen, in allen zur Verfügung stehenden Behältnissen trug man Wasser herbei, dazwischen liefen aufgeschreckte Einwohner, die ihre Habseligkeiten in der Kirche verstauten. Einige ließen sich vom Gedanken leiten, daß der Herrgott sein Haus verschonen würde, doch bei den meisten stand sicher die Tatsache, daß es das solideste Gebäude der Stadt war, im Mittelpunkt der Erwägungen. Sowohl die einen als auch die anderen sollten den Entschluß bitter bereuen: Das schiefergedeckte Dach fing Feuer und brannte in Sekundenschnelle lichterloh, die umherspritzenden Funken steckten noch andere Häuser in Brand, auch die eilends hereingetragenen Federbetten wurden mitsamt der hölzernen Inneneinrichtung schnell Opfer der Flammen, so daß letztendlich nur die nackten Kirchenmauern rauchgeschwärzt übrigblieben.

Die Wiederherstellung der Kirche erfolgte in den Jahren 1846 bis 1849 nach Plänen des Architekten Carl Alexander von Heideloff. Unverkennbar ist, daß dieser eine enge Beziehung zum Baumeister des Kölner Doms pflegte, mit Recht wird St. Aegidien oft als kleiner Bruder jenes weltberühmten Bauwerkes bezeichnet. Fürwahr: Was dem einen sein Ulen, ist dem anderen sein Nachtigall! Während unzählige Einwohner in Obdachlosigkeit und Elend gestürzt wurden, hat Oschatz diesem Brand sein Wahrzeichen zu verdanken, denn anläßlich des Wiederaufbaus der Kirche entstanden die weithin sichtbare Westtürme. Hoch oben in den Wolken befand sich die Wohnung des Türmers - ein heute ausgestorbener, einst geachteter Berufszweig. Zu dessen wichtigen Aufgaben gehörte, eingedenk genannter Ereignisse, »Feurio!« zu schreien, sobald sich im Stadtgebiet der Rote Hahn zeigte, was jedoch - Gott sei Dank! - nicht wieder erforderlich wurde. Manch Türmer soll hinsichtlich seines Lebenswandels recht erfinderisch gewesen sein, so berichtete eine Zeitung vor über einhundert Jahren, daß *»auf dem zweiten Turme, in schwindelnder Höhe«* jährlich ein bis zwei Schweine großgezogen und *»auch da oben geschlachtet und verzehret«* wurden.

Vom Kirchplatz führt eine breite Freitreppe hinunter zum Neumarkt. Wir sollten allerdings nicht zu hastig hinunterstürzen, sondern zunächst das bunte Puppenstuben-Häuserensemble genießen, das sich dem

Neumarkt mit Rathaus und Gasthaus »Weißer Schwan« vor dem Stadtbrand von 1842

Auge bietet. Auffällig ist der mitten auf dem Platz befindliche Brunnen, den 1588 ein Herr Gregor Richter aus Leipzig schuf, vier toskanische Säulen tragen einen Wasserkasten mit Baldachin.
Links der Freitreppe ist ein 1616 im Renaissancestil erbautes Gebäude, die Alte Wache, zu sehen. Zunächst beherbergte es die Fleischbänke, ab 1676 die Soldatenhauptwache und heute die Sparkasse.
Rechterhand steht das neue Rathaus, 1537 von Bastian Kramer erbaut. Natürlich wurde dieses beim letzten Stadtbrand ebenfalls teilweise zerstört, schon bald aber nach Plänen des genialen Baumeisters Gottfried Semper - weltberühmt vor allem als Schöpfer der Oper und der Gemäldegalerie in Dresden - wiederaufgebaut. Auch die Turmuhr mußte damals erneuert werden, und in deren große Glocke ließ man dann gleich folgenden Spruch gießen: *»Helf Gott dir, teure Stadt nach trüben, schweren Tagen, daß ich dir mög' hinfort nur heitre Stunden schlagen!«* Glücklicherweise hielt das im Turm befindliches Archiv den Flammen stand, so daß dort wertvolle Dokumente - wie eine Abschrift des »Sachsenspiegels« von 1382 und verschiedene Reformatorenbriefe - bis heute überlebt haben. Im Rathaus selbst hat sich die 1595 getäfelte Ratsstube in die Gegenwart herübergerettet.
Von außen ist davon aber leider nichts zu sehen, um so mehr beachte man den Treppenaufgang mit Wappen aus dem Jahre 1538 an der Gebäudefront. Von der Brüstung des überdachten Podests winkten früher immer nach den Wahlen der neue Herr Bürgermeister mit Gefolge ehrerbietig dem unten versammelten gemeinen Volke, heutzutage schauen nur noch Georg der Bärtige, seines Zeichens Herzog zu Sachsen, nebst Frau Gemahlin Barbara mit strengem Blicke auf das Markttreiben.
Barbara verstarb jung an Jahren, deshalb wollte sich Georg nie wieder den Bart scheren lassen. Er soll der Stadt Oschatz sehr zugetan gewesen sein und 62 Kiefernstämme für den Bau des Rathauses spendiert haben, in der höheren Politik spielte er dagegen eine

widersprüchliche Rolle als glühender Kämpfer gegen die Reformation Martin Luthers. Letztere wurde allerdings von der Bevölkerung auch nicht widerspruchslos hingenommen, so ist überliefert, daß 1526 im gegenüberliegenden ehemaligen Gasthof »Zum Weißen Schwan« der Stuhlschreiber aus Aberdoma den Oschatzer Böttcher Wolf Meyl im Streite um »*Martinische Sachen*« mit einem Brotmesser niederstreckte, eine Begnadigung lehnte Herzog Georg ab.

Damit wären wir beim Kapitel Justiz: Im Torbogen des Oschatzer Rathauses befindet sich der Pranger aus den Jahren um 1600, in diesem Käfig wurden kleine Sünder ausgestellt, die man dort nach Herzenslust anspucken und mit faulen Eiern bewerfen konnte. Zänkische (Ehe-)Frauen bestrafte man mit den an der Wand hängenden »Steinernen Flaschen«, sie wurden den »*zengkeschen Scheldtweybern*« um den Hals gehängt und diese dann mit den 66 1/2 Pfund Ballast durch die Straßen geführt. Für schwere Jungs war das unterirdische Gefängnis »Schwarzer Sack« gedacht, dessen Schlußstein neben den sogenannten Brüderköpfen ebenfalls zu sehen ist; und schließlich gab es seinerzeit noch das Rädern und Vierteilen von absolut Unbelehrbaren!

Auch die Ratsstube barg viele Jahrzehnte eine pikante Kostbarkeit, die in alten Zeiten eine ähnliche moralische Wirkung hervorgerufen haben dürfte, wie besehene Zeugnisse mittelalterlicher Gerichtsbarkeit: die sogenannte Ratsherrenwaage. Mittels dieses unbestechlichen Instruments wurden nämlich die Stadtoberhäupter in regelmäßigen Abständen verwogen, so daß sich bald auf eindrucksvolle Weise zeigte, welcher der hohen Herren das Interesse der Allgemeinheit und welcher eher die im engen kausalen Verhältnis zur Leibesfülle stehende eigene Tasche zum Inhalt seines Amtes erkor.

Heutzutage hält man (warum bloß?) dies nicht mehr für zeitgemäß, so daß die Waage vor einigen Jahren (unter allerlei fadenscheinigen Gründen!) ins Museum abgeschoben wurde. Leider fand sich bislang kein Bundestagsabgeordneter, der einen Gesetzesentwurf zur deutschlandweiten Einführung dieser höchst sinnigen und wirkungsvollen, dabei äußerst preiswerten Apparatur ins Parlament einbrachte. Der traditionsreiche Oschatzer Waagenbau könnte nicht nur zu altem Ruhm zurückfinden, sondern obendrein einen gewichtigen Beitrag zum Aufbau Ost leisten!

Unser Weg führt uns weiter in nördlicher Richtung am bereits erwähnten »Schwan« vorbei durch die Sporerstraße erneut zum Altmarkt. Bis Ende der siebziger Jahre herrschte hier noch reger Autoverkehr, dann begann man die Innenstadt in eine Fußgängerzone umzugestalten. Lange Zeit wurde der historische Boden durchwühlt, und einige Spötter ließen das Gerücht verbreiten, daß der Löwe im Oschatzer Stadtwappen durch einen Maulwurf ersetzt werden würde. Doch inzwischen ist das Geschichte, heute laden Geschäfte Hausfrauen zum Bummeln und Bänke Pensionäre zum Schwätzen ein.

Am Altmarkt sollten wir noch einmal den Blick zurückwenden - erhaben über alles Weltliche streben die beiden Kirchtürme über den Häusern gen Himmel. Angesichts dieses Anblickes kann man nur wünschen, daß sich die Stadtoberhäupter so erfolgreich wie bisher für die Erhaltung des einmaligen Flairs der Oschatzer Innenstadt einsetzen.

Wir wenden uns nun nach rechts, um die Strehlaer Straße hinunterzulaufen, und unten angekommen geht's - wiederum »rechts schwenkt, marsch!« - durch die Gasse An der Döllnitz, die früher Entengasse hieß, den Mühlgraben und den Brühl zurück zum Südbahnhof. Wer sich die parkenden Autos der Anwohner wegdenkt, der kann noch das Trappeln von Pferdehufen und das Rumpeln von eisenbeschlagenen Wagenrädern hören. Mancher ist auch geneigt, den Arm hochzustrecken: Eigentlich müßte man doch die Dachrinnen erreichen können!

Während die Kaufleute in ihrem Standesdünkel das Gebiet um den Marktplatz bevölkerten, war dieser Teil der Stadt ein regelrechtes Handwerkerviertel.

Vor der Abfahrt

Die Klosterkirche

Markttag in Oschatz

Weithin sichtbar die Türme von St. Ägidien

Herzog Georg der Bärtige und Gemahlin Barbara am Rathaus

Gassen im Handwerkerviertel

Die Alte Wache

Portale von St. Ägidien

Zwei Jahrzehnte fuhren nur Güterzüge durchs Döllnitztal

Halt in Thalheim

Nebitzschen: Das Gleis nach Wermsdorf (siehe links) ist abgebaut. Man nutze daher das Fahrrad!

Der Wilde Robert am dicken Turm von Mügeln

Viele der teilweise hervorragend restaurierten Häuser zeigen Jahreszahlen ab 1812 und die Initialen ihrer Erbauer. Stolz einstiger Besitzer auf den Wiederaufbau geht daraus hervor, bei einer Feuersbrunst war nämlich der gesamte Stadtteil in Schutt und Asche gelegt worden. An einigen Häusern sind sinnige Sprüche zu lesen, so am Haus Nr. 10 das lateinische *»ora et labora«*, ins gute alte Sächsische übersetzt: *»Bete und arbete!«*

Über vielen Eingangstüren prangt das Innungswappen der Gerber-Zunft: zwei gekreuzte Schabemesser nebst Falzeisen. Die Gerber nutzten das Wasser der Döllnitz und des Mühlgrabens, der unmittelbar vor der rechten Häuserzeile verlief, zum Einweichen der Felle, welche hernach zum Trocknen auf den Dachböden aufgehängt wurden - daher die hohen Giebel und steilen Dächer! Außerdem werkelten hier einige Mühlen und Filzfabriken, die ihre Abwässer kostengünstig in die Döllnitz entsorgten; bereits 1895 - der Umweltschutz läßt grüßen - mußte man beklagen, daß sich kein Fisch mehr dazu herabließ, in dieser Brühe herumzuschwimmen. Der aufgeweckte Leser sieht auch förmlich ganze Generationen am geistigen Auge vorbeidefilieren, die im Mittelalter Opfer der Pest wurden!

Die Einwohner gingen offensichtlich recht unbekümmert an die Dinge heran, folgende, noch kurz vor der Jahrhundertwende erschienene Anzeige liest man heute mit Schaudern: *»Das Abladen von Schutt und Asche in der Döllnitz oberhalb der Brauerei ist vom 15. Februar ab verboten, weil von diesem Tage ab das Jahrmarktsbier gebraut werden soll.«* Na denn: Wohl bekomm's!

Die Sitte, Bier in Brauereien herzustellen, ist übrigens noch gar nicht so alt, dagegen hat das Brauwesen selbst eine lange, reiche Tradition, natürlich auch in Oschatz: Ursprünglich ein Privileg derjenigen Einwohner, die kein Handwerk betrieben, hatte ab 1386 jeder *»angesessene Bürger«* das Recht, Bier zu brauen; und noch 1815 gab es die stolze Zahl von 241 Gebäuden innerhalb der Ringmauer, in denen der Gerstensaft hergestellt werden durfte - vor allem für den durstigen Fiskus ein einträgliches Geschäft, kein Wunder, daß wir bis heute unter der Biersteuer zu leiden haben!

Das Wasser des 1965 zugeschütteten Mühlgrabens trieb im Stadtgebiet drei Mühlen an, eine davon - die Obermühle - ist heute noch in Betrieb, wenngleich elektrisch betrieben; wir gehen an der Ecke Hospitalstraße/Mühlgraben direkt daran vorbei. Sie befand sich sozusagen am Oberlauf des Grabens.

Von den Wollwebern hatten wir bereits gehört. Mitte des 18. Jahrhunderts erhielt das Gewerbe neuen Auftrieb, seinerzeit wurde die holländische Wollspinnerei eingeführt. Noch 1815 gab es in Oschatz 126 Tuchmachermeister nebst 36 Tuchknappen, wie die Gesellen damals bezeichnet wurden. Natürlich siedelten sich auch tuchveredelnde Gewerbe an, so gab es mehrere »Schönfärbereien« und »Schwarzfärbereien«, die nach rechts abzweigende Färbergasse erinnert noch an diese Zeiten. Für Absatz war gesorgt, denn es galt das Meilenrecht: Im Umkreis einer Meile - das waren rund siebeneinhalb Kilometer - durfte sich kein Handwerker der städtischen Gewerbe seßhaft machen. Ab der dreißiger Jahre des 19. Jahrhunderts fand die Tuchmacherei dennoch ihren Niedergang, die erste Eisenbahn fuhr durch Oschatz, und man kaufte jetzt lieber die billigen, auf Maschinen hergestellten Gewebe aus England und der Oberlausitz, die nun kostengünstig herantransportiert werden konnten. Viele mußten sich als Tagelöhner bei ihrem größten Feind - der Eisenbahn - verdingen, die aber bald zum Freund wurde, denn sie brachte den Fortschritt in Gestalt moderner Industriezweige.

Im Verlaufe der Breiten Straße, die wir kreuzen, und des Brühls vermutet man die ersten Ansiedlungen auf dem Territorium der heutigen Stadt Oschatz, und wir registrieren erleichtert den zwischen den Häusern hindurchlugenden Südbahnhof, denn nun ist der Fußmarsch endlich zu Ende!

DURCHS DÖLLNITZTAL

Wo die Ähren der Felder wiegen leise im Wind
das dampfende Bähnlein durchs Tal eilt geschwind.

- Inge Wolf/Amisi -

Unter mächtigen Kastanienbäumen setzen wir unsere Reise mit dem Wilden Robert fort, uns umfängt ein Landschaftsschutzgebiet, es geht vorbei am Stadtbad (wo sich einige Lokführer ob der Badenixen oft den Hals verrenkten), gegenüber liegen der Oschatzer Stadtpark und die Heimattier-Gehege. Parallel zu unserer Bahn verläuft ein romantischer Wanderweg, der an schönen Tagen von Spaziergängern und in lauen Nächten von Liebespaaren genutzt wird. Aber auch die hiesigen Lausebengel lassen sich im Sattel ihrer Mountain-Bikes gern zu einer Wettfahrt mit dem Zug verleiten, die sie - schnell »wie die Fitschepfeile« - zumeist gewinnen.
Schenkt man dem unvergessenen Mügelner Heimatfreund Fritz Thomas Glauben, so gab es hier einmal folgendes Vorkommnis besonderer Art:

Ein Güterzug fuhr mit Bimm-bimm
von Mügeln einst nach Oschatz hin.
Da stand vorm Südbahnhof 'ne Kuh
und brummte auf dem Gleise: »Muh!«
Guckte hin zur Dampfmaschine
und verzog nicht eine Miene.
Wilder Robert ganz schnell stoppte,
Hessel-Paul vom Lokstand hoppte,
und er sprach dem Rindvieh zu:
»Komm doch 'runter, liebe Kuh!«

Dampflokführer Wunderlich
ging das mächtig gegen'n Strich,
denn er mußte es vertreten,
daß der Zug sich wird verspäten;
ließ die Dampfespfeife gellen,
doch das Vieh wird dumm sich stellen.
Paul versuchte es mit Liebe.

Dieses war dem Rindvieh piepe.
»Mensch«, denkt es in seinem Sinn,
»ich bleib stehen, wo ich bin.«
Denn so ist's in der Natur:
Ein Rindvieh ist von Haus aus stur.

Es blieb nun keine and're Wahl,
ran muß des Zuges Personal.
Letztlich, mit vereinter Kraft,
ward die Kuh vom Gleis geschafft.

Obwohl sicher mancher Leser geneigt ist, diese Geschichte dem allen Fahrensleuten eigenen fließenden

Übergang zwischen Phantasie und Realität zuzuschreiben (die Seeleute nennen's »Seemannsgarn« und die Eisenbahner »Schienenlatein«!), dürfte dieses Vorkommnis einer gewissen rationalen Grundlage nicht entbehren. Bahngras scheint den Rindviechern wirklich besser zu munden als das der Döllnitzwiesen, erst jüngst - am 25. Juni 1995 war's - mußte vor Oschatz Süd sogar ein Personenzug auf freier Strecke angehalten werden, um eine angepflockte Kuh zu befreien, die sich in den Bahnschienen verheddert hatte!

Wir rumpeln über zwei Brücken, überqueren noch einmal die Döllnitz und nähern uns zwischen Obstgärten und viel Grün dem Haltepunkt Altoschatz-Rosenthal, der unmittelbar am Bachufer angelegt wurde. Von ihrem Hügel grüßt die Altoschatzer Kirche, deren Geschichte bis auf das Jahr 1330 zurückgeht, und die - frisch restauriert - besonders im Frühjahr mit ihrem leuchtenden Gelb einen harmonischen Einklang mit den vom Löwenzahn übersäten Wiesen bildet.

Wir halten kurz und passieren gleich darauf die engste und wohl romantischste Stelle des gesamten Döllnitztals. Einen Felssporn umfahrend nutzt die Bahn hier den Durchlaß, den sich das still vor sich hin plätschernde Flüßchen in jahrtausendelanger unermüdlicher Kleinarbeit durch eine Porphyr-Gesteinsschwelle gegraben hat.

Linkerhand erheben sich die Höhenzüge der sogenannten Schwedenschanze mit dem Rest einer großen Wallanlage, die slawische Volksstämme um das 7. bis 9. Jahrhundert zu Verteidigungszwecken errichteten beziehungsweise nachnutzten, denn gefundene Gegenstände belegen, daß da oben schon in der frühen Eisenzeit (um 800 v. Chr.) Menschen lebten. Die Wallzüge dieser Abschnittsbefestigung auf dem östlichen Hochufer der Döllnitz sind durch Steinbruchbetrieb zum Teil eingeebnet worden.

Die heutige Bezeichnung für besagte Wallanlage ist seit dem Dreißigjährigen Krieg überliefert und sicher mit den Ereignissen jener Jahre in Verbindung zu bringen, als nicht nur schwedische, sondern Kriegerhorden aller Herren Länder die Gegend unsicher machten, nicht so recht wissend, für wen und gegen wen sie kämpfen sollten. So bezeugt ein altes Schadensverzeichnis, daß im nahen Kreischa die Wassermühle *»von 5 Gängen bis auf 1 Gang nebst Walk- und Bretmühle ruinirt«* wurde.

Die Döllnitzniederung zwischen Altoschatz und Thalheim, durch die wir jetzt fahren, brachte den Wilden Robert zur Frühjahrszeit oft arg in die Bredouille. Als der Flußlauf noch nicht reguliert war, verwandelte sich nach der Schneeschmelze mitunter das gesamte Tal in einen riesigen See, so daß die Schneepflüge der kleinen Lokomotiven angeblich mächtige Bugwellen geworfen haben sollen, wie es ein richtiges Boot halt auch tut.

Der Haltepunkt Thalheim, der eigentlich zwischen den jetzt Oschatzer Ortsteilen Kreischa und Saalhausen liegt und früher auch so hieß, war vor allem Ziel etlicher Sonntagsausflügler. Neben den landschaftlichen dürften es vor allem die Genüsse der seinerzeit berühmten örtlichen Gastronomie gewesen sein, die ausschlaggebend für diesen Reisestrom waren, insbesondere, was den männlichen Teil des Reisepublikums betraf. Leider erinnerte lange Jahre nur noch eine verlassene Ruine an diese Zeiten, bis sie einem Neubau weichen mußte, und unser Zug hält hier - wenn überhaupt - meist vergebens.
Thalheim wäre beinahe in die sächsische Geschichtsschreibung eingegangen, bis vor kurzem bestanden Pläne, hier eine Sondermülldeponie anzulegen - eine Tatsache, die man angesichts der romantischen Lage des Haltepunktes nicht so recht glauben mag. Das ist nun erst einmal verhindert, manchem erscheint's als ein Sieg, doch die hohen Bäume reden uns nachdenklich wipfelschüttelnd ins Gewissen:
»Ihr armen kleinen Wichte da unten, was habt Ihr bloß für eigenartige Manieren? Da stopft Ihr tagaustagein Eure Mülltonnen voll mit allerlei Dingen, für die Ihr keine Verwendung mehr zu haben vorgebt, und werdet erst munter, wenn Euer Gartenzaun-umsäumtes Geviert heiler Welt von einer Mülldeponie bedroht wird. Was glaubt denn Ihr, was mit Eurem eigenen Gerümpel geschieht? Irgendwo wird's vergraben! Meint Ihr denn, dort leben keine Menschen, haben früher nicht auch Vögel gezwitschert und Bäume gestanden? Denkt Ihr vielleicht, zukünftige Generationen werden so viele Archäologen hervorbringen, die das alles wieder ausgraben und in Museen zur Schau stellen werden?«
Nun, ein kleiner Sieg ist's trotzdem, jetzt kann man von den Thalheimern und Oschatzern recht häufig den Ruf nach Müllvermeidung vernehmen, und auf dem Sondermüll-Gelände plant man eine Windenergie-Anlage. Alle anderen Reisegäste - betreten über diese weisen Worte - registrieren erleichtert, daß

unser Zug seine Fahrt fortsetzt, und haben nun Gelegenheit, über die Vorwürfe nachzudenken. In einer engen Kurve umfahren wir räderkreischend Kreischas Hinterhöfe und rollen bald darauf in ein sumpfiges Wiesental ein, Lauken-Wiesen genannt, in dem eine gewisse Frau Flora ganze Arbeit geleistet hat.
Die Döllnitz durchfließt hier ein Landschaftsschutzgebiet und beschreibt viele enge Windungen, nicht so recht schlüssig: Nach rechts oder nach links fließen? Letzten Endes schwenkt sie doch nach rechts ab und entschwindet den Blicken, denn unser Zug verläßt das Tal und windet sich in weiten Bogen die leichte Steigung nach Naundorf hinauf.
Eine weitläufige, von Landwirtschaft geprägte Ebene öffnet sich, und die Geographen würden es wissenschaftlich so ausdrücken: »Wir haben uns auf die Ganzig-Riesaer Moränenplatte hochgearbeitet.« Das landwirtschaftliche Umfeld hat natürlich seinen Grund: Hier verläuft der allmähliche Übergang zum äußerst fruchtbaren Lößbodenland der Lommatzscher Pflege. Löß ist eine sehr feinkörnige Masse, die vorwiegend aus Quarzstaub und kohlensaurem Kalk besteht und die während der letzten Eiszeit - der sogenannten Weichselkaltzeit - vom Winde herangeweht und hier abgelagert wurde. Damals gab es allerdings noch keine Eisenbahn, und Mammuts bevölkerten das Land, aber da es - wie noch zu berichten sein wird - ohne Lößboden sicher keine Schmalspurbahn nach Mügeln geben würde, sei uns dieser Exkurs in die vor rund 20 000 Jahren zu Ende gegangene Weichselkaltzeit genehmigt.
Auf alle Fälle genießt man von hier oben weite Rundumsicht, bis hinüber zum rund acht Kilometer entfernten Collmberg mit seinen beiden Türmen schweift der Blick. Mit 316 Metern Höhe über dem Meeresspiegel reicht er zwar nicht ganz an den Mount Everest heran, dennoch scheint er sich seiner Würde bewußt zu sein, weit und breit das Größte darzustellen, was die Leipziger Tieflandsbucht zu bieten hat. Und so präsentiert er sich dem Flachländer eher

erhaben und unnahbar. Ein ähnliches Gefühl muß wohl auch die in hiesigen Gefilden früher ansässig gewesenen slawischen Volksstämme beschlichen haben, so daß sie ihn ganz kurz und prägnant »Collm« nannten, zu gut Deutsch einfach: »Der Berg«.
Seiner herausragenden Erscheinung hatte das zu Füßen des Berges liegende Dorf Collm die Ehre zu verdanken, im 12. und 13. Jahrhundert unter Markgrafen Otto zum Tagungsort der »Landdinge« des jungen Meißner Landes - sozusagen der allerersten Sitzungen des sächsischen Landtags - auserkoren zu werden. Aus welcher Himmelsrichtung man auch anreiste: Selbst ohne die damals noch nicht überall herumstehenden Wegweiser war der *»provinciali placito Chulmice«* auf keinen Fall zu verfehlen!
Der Bahnhof Naundorf beteiligte sich früher vor allem durch starken Güterverkehr mit landwirtschaftlichen Produkten aktiv am Geschehen auf der Schiene. Anno 1790 taten sich die Naundorfer im Kursächsischen Bauernaufstand besonders lautstark und kräftig hervor, später gab's mal 'ne LPG »Neue Kraft« (so lange ist das aber noch nicht her!), im 19. Jahrhundert wurde ein Torfabbau betrieben, und heutzutage wird der Gewerbefleiß vor allem durch - na was schon! - zwei Autohäuser repräsentiert.
Am Bahnhof kreuzen wir einen weiteren historischen Transportweg. So unscheinbar dieser auch sein mag, ist es doch die Alte Poststraße von Dresden nach Leipzig. Der Verlauf dieser für Sachsen einst wichtigsten Ost-West-Verbindung entsprach weitestgehend unserer heutigen B 6, einzig und allein, damit der sächsische Landesvater und starke August seine Jagdreviere um das neuerbaute Schloß Hubertusburg bequemer erreichen konnte, wurde sie etwas weiter südlich (über Klappen-, Naun-, Werms- und Sachsendorf!) neu trassiert. Ab 1725 preschten die von Dresden nach Leipzig und zurück verkehrenden Postkutschen hier entlang. Natürlich durfte diese Hochgeschwindigkeitstrasse nicht von jedermann und schon gar nicht von den Bauern mit ihren schnö-

den Fuhrwerken benutzt und womöglich ramponiert werden; lediglich auserwählte Privatpersonen erhielten eine Sondergenehmigung!
Rückgängig gemacht wurde der Trassenverlauf erst nach dem Ende der Befreiungskriege im Jahre 1813. Die letzte große Bewegung, die diese Straße gesehen hat, wird somit der nicht sehr ruhmreiche Rückmarsch der napoleonischen Truppen nach dem noch weniger ruhmreichen Rußlandfeldzug und vor der überhaupt nicht mehr ruhmreichen Völkerschlacht bei Leipzig gewesen sein. Ob Napoleon selbst hier durchritt oder einen anderen Weg nahm, darüber streiten sich bis heute die gelehrten Geister.
Wir befinden uns am höchsten Punkt des Streckenabschnitts Oschatz - Mügeln, denn bald nach Überquerung der Straße kippt die Bahnlinie wieder ins Gefälle; auf schnurgeradem Schienenpaar macht der Wilde Robert seinem Namen alle Ehre und strebt in für Schmalspurverhältnisse rasanter Fahrt Schweta zu. Noch schneller sind die Autofahrer auf der parallel verlaufenden Landstraße, dafür können sie kaum einen Blick auf die Weite der von einzelnen Baumgrüppchen durchbrochenen Felder und Wiesen riskieren, sehen auch nicht das Habichtspärchen, das auf der Suche nach dem Mittagsmahl einsam hoch oben seine Kreise zieht.
Natürlich rollte es hier nicht immer so gut wie heute, schuld war in Winterszeiten oft der Schnee, den der durch nichts gehemmte Wind über das flache Land fegte. So mußte Anfang der vierziger Jahre das Militär einen ganzen Personenzug freischaufeln, der stekkengeblieben war.
In Schweta haben sich lediglich einige Neubauhäuser direkt bis an die Bahnstrecke herangewagt, sinnigerweise hat man dieses Wohngebiet gleich »Am Bahndamm« getauft. Die älteren Gebäude halten respektvoll Abstand, gleichwohl als trauten sie der Dampfkraft nach über einhundert Jahren noch immer nicht so recht. Für die Bahn jedenfalls hatte Schweta schon früher kaum Bedeutung, und auch heute geht's zu-

meist ohne längeren Halt weiter. Völlig zu Unrecht, möchte man meinen, denn der kleine Ort bietet durchaus Sehenswertes.
So die Dorfkirche, die in ihrer heutigen Gestalt ein Jugendwerk des Baumeisters George Bähr sein soll. Augenscheinlich ist ihm bei diesem Gebäude mehr Glück beschieden gewesen als bei der Frauenkirche; Konstruktionsfehler scheinen sich nicht eingeschlichen zu haben, vor allem aber hatten nachfolgende Menschheits-Generationen glücklicherweise (und leider!) vor dem Schwetaer Sakralbau mehr Achtung als vor dem Dresdner.
Beachtenswert wegen seines eindrucksvollen Baumbestandes ist der Park am ehemaligen Schwetaer Rittergut, einige der hier wachsenden Stieleichen und Platanen haben einen Stammumfang von über fünf Metern. Vom Park aus sei eine Wanderung durch die Döllnitzaue über Oetzsch und Wetitz nach Mügeln empfohlen. Die ehemalige Mühle in Schweta und das Silbermannsche Sägewerk in Wetitz machen auf dieser Tour deutlich, womit man seine Maschinerie antrieb, bevor die Dampfkraft Mode wurde: nämlich mit u n g e k o c h t e m Wasser!
Die Gegend nordöstlich Mügelns, durch die wir fahren, ist uraltes Kulturland. Wie kaum anderswo sind hier menschliche Ansiedlungen seit der Altsteinzeit bis heute nahezu lückenlos durch aufschlußreiche Fundstücke belegt. Besonders verdient gemacht hat sich hierbei ein unermüdlicher Hobby-Forscher, der Mügelner Sattlermeister Richard Hummitzsch. In seiner Freizeit legte er ganze Herdgruben und Urnenfelder frei!
Das älteste geborgene Fundstück ist übrigens ein Faustkeil, den irgendein Urmensch vor ein- bis zweihunderttausend Jahren hier verloren zu haben scheint, und das spektakulärste ist ein westlich Schwetas gefundenes goldenes Medaillon des seit anno 260 regierenden und acht Jahre später ermordeten römischen Kaisers Publius Licinius Egnatius Gallienus. (Namen hatten die damals!)

Ein Pfiff holt uns in die Gegenwart zurück - wir nähern uns Mügeln! Vorher kommen wir aber noch an der »Flocke« vorbei. Dieser im Jahre 1908 gegründete Betrieb stellte Kartoffelflocken zu Futterzwecken her, aus dieser Tatsache rührt sein klangvolle Spitzname. Für die Schmalspurbahn war er insofern von Bedeutung, als daß hier früher umfangreiche Anschluß-Gleisanlagen bestanden, die bis in die siebziger Jahre täglich bedient wurden und der Bahn einen nicht unbedeutenden Güterverkehr bescherten.
Für die damals beteiligten Eisenbahner war das jedoch eher ein Graus. »In jeder Ecke des Betriebsgeländes«, so wissen sie zu berichten, »stand ein Güterwagen, der abgeholt werden sollte!« Nachdem man alle aufgesammelt hatte, mußten die zur Entladung bereitzustellenden neuen Wagen wieder fein säuberlich übers ganze Werksgelände verteilt werden. Dies alles hatte in ziemlicher Hektik zu erfolgen, denn der Fahrplan auf der vielbefahrenen Strecke Oschatz - Mügeln kannte damals kaum Zugpausen.
Aus diesem Grunde wurde der Anschluß eine Zeitlang in den Stunden von Mitternacht bis zum frühen Morgen bedient. So konnte man das Rangiergeschäft etwas ruhiger angehen. Gleichzeitig sieht man daran, daß früher unsere Schmalspurloks sogar des Nachts mit den Rangierern um die Wette pfiffen und schlaflose Nächte der Anwohner keinesfalls eine neuzeitliche Erfindung des Schwerlastverkehrs auf den Straßen sind.
Gegenüber der »Flocke« steht eines der einstmals drei Einfahrtssignale des Bahnhofs Mügeln; und da solche bei Schmalspurbahnen selten üblich waren, nähern wir uns einer offenbar hochwichtigen Bahnstation.
Wir umfahren den großen Lokschuppen (sächsisch: »Heizhaus«) an der Bahnhofseinfahrt, und von links nähert sich in großem Bogen der inzwischen total überwucherte Bahndamm der ehemaligen Döbelner Strecke, über die am 31. Oktober 1884 der erste Personenzug im festlich geschmückten Mügeln eintraf und pompös empfangen wurde.

Diese Strecke war der Anfang bahnbauerischer Aktivitäten, die schließlich Mügeln zu einem Eisenbahnknotenpunkt mit vier abzweigenden Linien machten - für uns eine Gelegenheit, das Rad der Geschichte zurückzukurbeln und Wissenswertes über den Eisenbahnbau zu erfahren.

Einfahrt in Mügeln

EIN KÖNIGREICH UND SEINE STAATSEISENBAHNEN

Jede Zeit hat ihre Aufgabe,
und durch die Lösung derselben
rückt die Menschheit weiter.

- Heinrich Heine -

Die zweiten Hälfte des vorigen Jahrhunderts war eine Zeit großer Umbrüche. Auch Sachsen schien aus seiner wechselhaften Historie gelernt zu haben und schlug sich - man höre und staune - auf die Seite Preußens.

Der sächsische Kronprinz und spätere König Albert war es nämlich, der als oberster Heerführer der IV. Armee am 1. September 1870 das Gemetzel der Schlacht von Sedan einleitete, was bekanntlich mit der Niederlage des gesamten französischen Heeres endete. Mit solch zweifelhaftem Ruhm bekleckert, hatten also die Sachsen entscheidenden Anteil daran, daß sich Deutschland (wieder einmal!) vereinigte.

Mit der Krönung des Preußenkönigs Wilhelm zum deutschen Kaiser waren endlich wirtschaftliche Verhältnisse geschaffen, die man in England bereits zweihundert Jahre früher vorfand: Buchstäblich ohne Grenzen konnte das Industriekapital den Siegeszug antreten, was seinen Ausdruck in den sogenannten Gründerjahren fand.

Sachsen hatte nicht nur entscheidenden Anteil am Zustandekommen dieses Einschnitts in die deutsche Geschichte, sondern es wurde zu jenem deutschen Land, in dem die Veränderungen am nachhaltigsten wirkten. Vor allem bildete sich sein städtisch-industrieller Charakter immer stärker heraus, und die Bevölkerungsdichte nahm rapide zu. Bereits gegen Ende des 19. Jahrhunderts waren rund drei Viertel der Berufstätigen in Industrie und Handel beschäftigt, die Bevölkerungszahl stieg auf über vier Millionen, und mit durchschnittlich 300 Einwohnern pro Quadratki-

lometer im Jahre 1905 wurde Sachsen zu einer der am dichtesten besiedelten Regionen Europas.
Möglich war dieser wirtschaftliche Aufschwung nur durch den Ausbau der Verkehrswege. Ausgedehnte Kai- und Hafenanlagen, wie der König-Albert-Hafen in Dresden oder der Elbhafen in Riesa, sind beredte Beispiele dafür. Vor allem aber wurde Sachsen das Land der Eisenbahnen, sein Streckennetz erreichte um die Jahrhundertwende die beeindruckende Länge von 3200 Kilometern.
Bereits 1833 hatte der deutsche Eisenbahnpionier Friedrich List den Plan eines gesamtdeutschen Eisenbahnnetzes veröffentlicht und nicht von ungefähr die sächsische Messestadt Leipzig zu dessen Zentrum auserkoren, denn die Kaufleute hatten schon immer ein offenes Ohr für schnelle Verkehrsverbindungen.
Beginnend mit der Leipzig - Dresdner Eisenbahn, deren erster Abschnitt am 24. April 1837 eröffnet worden war, wagten sich zunächst vor allem private Eisenbahngesellschaften an den Bahnbau. Seinen Höhepunkt, aber gleichzeitig auch Abschluß fand diese Periode im Jahre 1875: In jenem Jahr wurden elf private Eisenbahnlinien mit insgesamt 423 Kilometern Streckenlänge in Betrieb genommen, dagegen nur ganze zwei vom Staate erbaute mit bescheidenen 35 Kilometern Länge.
Die Eisenbahn versprach den Aktionären zunächst hervorragende Renditen, doch das sollte sich bald als Trugschluß erweisen: Vor allem die eigentlich eisenbahnfeindlichen Gegebenheiten der Topographie Sachsens waren es, welche die Privatbahnen oft noch während der Bauzeit oder nach einigen Betriebsjahren in den Ruin trieben, waren doch hierzulande kostspielige Brücken- und Tunnelbauten erforderlich. Beispiele gibt es viele, so die sogenannte »Bankrottmeile« auf der Chemnitz - Riesaer Eisenbahn oder der Einsturz der Riesaer Elbbrücke im Februar 1876, der das endgültige Aus für die Leipzig-Dresdner-Eisenbahn-Compagnie und die Übernahme der Bahn durch den Staat bedeutete.

Jedoch erkannten die Herrschenden in Sachsen frühzeitig die Bedeutung der Eisenbahn für die Entwicklung in ihrem Land - ganz im Gegensatz zu anderen deutschen Oberhäuptern. Während beispielsweise Bayerns König Ludwig erst nach halbjähriger Betriebszeit geruhte, die ihm zu Ehren »Ludwigsbahn« getaufte erste Eisenbahnstrecke Deutschlands von Nürnberg nach Fürth zu besuchen, unterzog sich eine Abordnung des sächsischen Königshauses - mit dem als Eisenbahn-Fan bekannten Prinzen Georg an der Spitze - dem Abenteuer, bei der ersten Fahrt von Leipzig nach Dresden dabeizusein. In Preußen zeigte man sich ebenfalls zunächst reserviert gegenüber diesen neumodischen Erfindungen und bastelte weiter an seinen Heeresstraßen, bis auch dort recht bald die Gewerbetreibenden mit Vehemenz den Ruf nach Eisenbahnen erschallen ließen.

Vom sächsischen Staate wurden nicht nur die Privatbahngesellschaften unterstützt und später übernommen, sondern man forcierte hier auch den Bau von Staatseisenbahnen, darunter die heute nicht mehr wegzudenkenden Strecken Leipzig - Hof oder die Sachsenmagistrale Görlitz - Dresden - Werdau. Es war also beileibe keine bloße Höflichkeitsfloskel, wenn man in der im Jahre 1889 verfaßten und »*Sr. Majestät dem König Albert zur Feier der achthundertjährigen Herrschaft des Hauses Wettin in den sächsischen Landen in tiefster Ehrfurcht*« gewidmeten Laudatio schrieb: Die »*segensreichen Wirkungen der Eisenbahn kommen aber naturgemäß auch in denjenigen Ländern am stärksten zum Ausdruck, welche am dichtesten mit Eisenbahnen durchzogen sind. In solch glücklicher Lage befindet sich das industriereiche und gewerbfleißige Sachsen, welches neben dem Industriestaat Belgien unter allen Staaten Europas das dichteste Eisenbahnnetz besitzt ... Und wenn in diesen festlichen Tagen das Sachsenvolk in Dankbarkeit und Treue aufblickt zu seinem geliebten Fürstenhause, so wird es sich dabei auch mit innigem Danke der Fürsorge erinnern, welche edle Sprossen des Fürsten-*

hauses Wettin mit hohem und weisen Sinne in diesem letzten halben Jahrhundert ihrer ruhmreichen Regierung dem Eisenbahnwesen Sachsens widmeten.«

Die gepriesenen »segensreichen Wirkungen« betrafen zunächst die Landstriche, die von den großen Hauptstrecken durchzogen wurden. Jene brachten den anliegenden Orten einen ungeahnten wirtschaftlichen Aufschwung, genannt sei hier nur das Beispiel des nahen Riesa, das noch nicht einmal eine durchgehende Landstraße besaß, aber unter dem Einfluß der Leipzig - Dresdner Eisenbahn rasant von einer unbedeutenden Landgemeinde zu einer wichtigen Industriestadt emporwuchs.

Die fernab dieser großen Bahnen liegenden Städte sahen dem natürlich keineswegs nur neidvoll zu, vielmehr ergingen unzählige Petitionen *»An die Königlichen Hohen Ministerien des Innern und der Finanzen zu Dresden«* mit Ersuchen um einen Bahnanschluß. Doch die Befriedigung dieser eher lokalen Verkehrsbedürfnisse war wirtschaftlich kaum mit der kostenintensiven Betriebsweise der Hauptbahnstrekken in Einklang zu bringen.

Größtes Hindernis war die hohe Bevölkerungsdichte Sachsens, obwohl gerade sie den Ruf nach leistungsfähigen Transportmitteln immer lauter werden ließ: Die Bewachung der zahlreich notwendigen Kreuzungen mit öffentlichen Straßen und Wegen wäre - automatische Schrankenanlagen waren ja noch nicht erfunden - trotz seinerzeit niedriger Löhne kaum bezahlbar gewesen.

So nahm man in Sachsen die *»Bahnordnung für Deutsche Eisenbahnen untergeordneter Bedeutung«*, die in Ausgabe 24 des »Centralblattes für das Deutsche Reich« veröffentlicht wurde und am 1. Juli 1878 in Kraft trat, zwar zunächst etwas reserviert, dann aber mit besonderem Wohlwollen zur Kenntnis. Diese Bahnordnung brachte etliche Vereinfachungen für den Bau und Betrieb von Eisenbahnen lokaler Zweckbestimmung. Das für Sachsens Eisenbahnen wichtigste Zugeständnis war die Festlegung, daß bei

Einhaltung bestimmter Bedingungen hinsichtlich Geschwindigkeit der Züge auf eine personalintensive Bewachung der zahlreichen Bahnübergänge verzichtet werden durfte.

Man ging in Sachsen folgerichtig dazu über, neu zu erbauende Strecken als sogenannte »Secundärbahnen« anzulegen. Bis auf ganze drei Ausnahmen betraf das alle ab 1876 entstandenen sächsischen Eisenbahnlinien. Erste sächsische Sekundärbahn wurde die Strecke Gaschwitz - Plagwitz bei Leipzig, weiterer Meilenstein war die Linie Pirna - Berggießhübel, bei der zum ersten Male die Leitung der Bahn einem Bahnverwalter übertragen wurde und die dank der Einsparungen eine erstaunlich hohe Verzinsung des Anlagekapitals ermöglichte.

Daneben wurden verschiedene, als Hauptstrecken erbaute, aber rein lokalen Bedürfnissen dienende Linien zurückgestuft und »abgerüstet«, das heißt, Schranken und andere, nur bei Hauptbahnen notwendige Signalanlagen baute man ganz einfach ab. Zu diesen gehörten der Nordabschnitt der »Muldenthalbahn« von Großbothen bis Wurzen und andere Strecken. Pikanterweise betraf das auch den Streckenabschnitt Zeithain - Elsterwerda, folglich hatten dort sogar die zwischen Chemnitz und Berlin verkehrenden Schnellzüge mit gemütlichem Tempo dahinzuzuckeln und an den Bahnübergängen unablässig zu bimmeln. Es waren doch nur Züge nach Preußen, da konnte man sich das halt erlauben!

Das andere Hemmnis bei der Verdichtung des sächsischen Eisenbahnnetzes war die bereits angeführte Landschaftsgeographie das Sachsenlandes. Zwar gibt es hier keine Alpen, so doch aber vielfach gewundene Flußtäler, und ausgerechnet in diesen liegt die Mehrzahl der Ortschaften, die an die Eisenbahn anzuschließen waren. Damals bestand aber die Forderung, daß Hauptbahnen keine Kurvenradien unter 180 und Nebenbahnen unter 150 Metern aufweisen dürfen. Man schaute sich im Ausland um und stellte fest, daß auch Bahnen schmaler Spurweite durchaus

leistungsfähig sein konnten. Außerdem ermittelte man anhand verschiedener Versuche, daß der »Curven-Widerstand«, das heißt der Widerstand, den ein Gleisbogen von 36 Metern Radius dem fahrenden Zug bei einer Spurweite von 750 Millimetern entgegensetzt, etwa dem eines regelspurigen Bogens mit 200 Metern Radius entspricht. Bei gleicher Leistung könnte also eine Schmalspurlokomotive einen gleichschweren Zug durch erheblich engere Kurven ziehen.
Beginnend mit der 1881 eröffneten Linie Wilkau-Haßlau - Kirchberg ging man folglich dazu über, Sekundärbahnen schmalspurig anzulegen. Mit den Jahren entstand in Sachsen ein für ganz Deutschland einmaliges und beispielhaftes Netz von Schmalspurbahnen, die alle vom Staate erbaut und betrieben wurden, bis auf eine Ausnahme: die Z.O.J.E., die Zittau-Oybin-Jonsdorfer Eisenbahn (oder: »Zug ohne jede Eile«), die bis 1905 privat war.
Zum sächsischen Schmalspurmaß wurden die berühmten 750 Millimeter, man hatte festgestellt, daß die Mehrzahl der im Zwickau-Oelsnitzer Steinkohlerevier eingesetzten Kohlehunte diese Spurweite besaßen. Kurios ist dabei, daß nie eine öffentliche sächsische Schmalspurbahn bis in dieses Revier vorgedrungen, geschweige denn mit dessen Gleisnetz verbunden worden ist!
An dieser Stelle muß noch kurz auf den heute allgemein verbreiteten Begriff »Kleinbahn« eingegangen werden, mit dem die Schmalspurbahnen landläufig bezeichnet werden. Genaugenommen ist das völlig falsch. »Kleinbahnen« ist der offizielle preußische Terminus technicus für größtenteils private - keinesfalls immer schmalspurige, sondern sehr häufig in Regelspur erbaute! - sogenannte »Tertiär-Bahnen«.
Kleinbahnen waren mithin »drittklassige« Strecken untergeordnetster Bedeutung mit einfachsten, um nicht zu sagen primitivsten Betriebsverhältnissen. Die alten Sachsen haben dagegen ihre Schmalspurbahnen immer inbrünstig als »richtige« Eisenbahnen betrachtet und auch behandelt!

DAS MÜGELNER SCHMALSPURNETZ ENTSTEHT

Alles hat seine Zeit.

- Nach Prediger Salomo 3,1 -

Das Gebiet um Mügeln war beim Bau der Hauptstrekken weiträumig umgangen worden, obwohl genannter Friedrich List die Leipzig - Dresdner Eisenbahn über Mügeln trassieren wollte. Doch die modernen Intercity-Züge preschen heute durch Oschatz, denn der seinerzeit mit Ehrfurcht erhörte englische Eisenbahningenieur James Walker hatte ein Gutachten erstellt, das einen rechtselbischen Verlauf nebst Stromüberquerung bei Riesa favorisierte, was dann widerspruchslos realisiert wurde.
Natürlich grassierte auch in Mügeln das Eisenbahnfieber, zahlreiche Projekte wurden aufgestellt und wieder verworfen. So gab es einen Plan zum Bau einer Eisenbahnlinie von Döbeln über Mügeln nach Torgau, ein anderer zielte darauf hin, diese Bahn in Dahlen an die Leipzig - Dresdner Eisenbahn anzubinden. Warum aus all diesen Plänen nichts wurde, können wir in einer alten Schrift nachlesen:
»Hierbei hätte indess das Bedürfniss des lokalen Verkehrs insofern zurücktreten müssen, als eine Bahn mit voller Spurweite nach den angestellten technischen Untersuchungen den vorhandenen Thalsenkungen mit ihren zahlreichen Ortschaften nicht hätte folgen können, sondern in Ausführung umfänglicher und kostspieliger Kunstbauten vorzugsweise auf dem Höhenzuge hin und in ziemlicher Entfernung von den bedeutenderen Ortschaften zu liegen gekommen wäre. Dieser Umstand sowie die Absicht, der reichen landwirthschaftlichen Pflege des Mügelner Kreises die Vortheile einer reinen Lokalverbindung zu verschaffen, bestimmte die Staatsregierung dazu, sich für die Anlegung einer schmalspurigen Bahn und zwar zunächst von Döbeln über Mügeln nach Oschatz zu

entscheiden. Zweck dieser Bahn ist hauptsächlich, den Absatz der landwirthschaftlichen Produkte in der Richtung nach Döbeln und Chemnitz sowie dem hierfür vorzugsweise in Betracht kommenden oberen Erzgebirge zu erleichtern; auch sollte den dort bestehenden, zum Theil sehr produktiven Kalkwerken eine verbesserte Absatzfüglichkeit verschafft werden.«

In heutiges Deutsch übertragen heißt das: Mügeln wurde nicht berühmt für ein großes, das Döllnitztal überspannendes Viadukt, auf dem die Züge hoch oben dahinrollen, und einen weitab vom Stadtzentrum gelegenen Bahnhof, sondern anstelle des Intercity-Anschlusses für eine Schmalspurbahn, die mitten durch den Ort fährt und Güter sowie Reisende quasi bis vor die Haustür bringt oder von da abholt.

Mit der »reichen landwirthschaftlichen Pflege« ist das fruchtbare Lößhügelland der Lommatzscher Pflege gemeint. Dieses hatte seit Mitte des 19. Jahrhunderts unser Gebiet zu einem regelrechten Rübenparadies werden lassen und entscheidend die »wirthschaftliche« Entwicklung mitgeprägt. Heutzutage kaum vorstellbar sind die Mühen, unter denen die Bauern mit großen Pferdefuhrwerken auf ausgefahrenen und

Man baute sparsam, aber nicht unschön, wie das ehemalige Wartehäuschen von Naundorf beweist.

Datum	Eröffnete Strecke	Länge	Eröffnet für:
15.09.1884	Teilstrecke Mügeln - Großbauchlitz (spätere Bezeichnung: Döbeln Nord)	(18,9 km)	provisorischen Rübenverkehr
01.11.1884	Mügeln - Döbeln Hauptbahnhof	19,8 km	Güter- und Personenverkehr
07.01.1885	Oschatz - Mügeln	11,4 km	Güter- und Personenverkehr
27.09.1888	Teilstrecke Mügeln - Mahlis	(7,9 km)	provisorischen Rübenverkehr
01.11.1888	Mügeln - Wermsdorf - Nerchau~Trebsen (spätere Bezeichnung: Neichen)	23,9 km	Güter- und Personenverkehr
31.12.1891	Oschatz - Strehla	11,3 km	Güter- und Personenverkehr
20.04.1892	Strehla - Elbkai	0,6 km	Güterverkehr
03.08.1903	(Mügeln -) Nebitzschen - Kemmlitz - Kroptewitz	6,3 km	Güterverkehr
01.12.1909	Lommatzsch - Garsebach (- Meißen~Triebischthal)	15,7 km	Güter- und Personenverkehr
27.11.1911	(Döbeln -) Gärtitz - Mertitz~Gabelstelle (- Lommatzsch)	18,6 km	Güter- und Personenverkehr

matschigen Feldwegen ihre Rübchen zu den Zuckerfabriken brachten. Asphalt war schließlich eine Erfindung späterer Epochen!
Einzige Rettung war damals der Bau einer Eisenbahn, und der begann endlich im Oktober 1883 im südlichen Abschnitt, parallel dazu ging man im Frühjahr 1884 bei Saalhausen ans Aufbauwerk des nördlichen Teils. Ausdruck der Freude über den Bahnbau war unter anderem ein Gedicht, verfaßt vom Lokal-Poeten Moritz Wagner und veröffentlicht 1883:

Unsere Eisenbahn

In dem Neuen Jahr
Wird es endlich wahr,
Was wir lange zweifelnd angeseh'n.
Nur hinausgeschaut,
Wenn es aufgetaut
Und des Frühlings sanfte Lüfte weh'n,
Geht es frisch daran,
An die Eisenbahn,
Wo schon jetzt die sich'ren Marken steh'n.

Wenn die Fluren grün
Und die Bäume blüh'n
Wohl vorbei die viele Messerei,
Kommt der Kärrner Heer
Mit dem Karren schwer,
Führt Material zum Bau herbei;
Daß der Damm sich hebt

Und die Brücke strebt,
Herrlich schön in der Vollendung sei.

Sieh, der Schienenstrang,
Eine Eisenschlang',
Fest gewunden durch die Auen zieht,
Und der Zug darauf,
Seinen ersten Lauf
Mit dem Dampfroß, daß es Funken sprüht.
Feiern wir die Zeit,
jubelnd hocherfreut,
Wohl mit Reden halten, Klang und Lied.

Schweigen werden all',
Die so manches mal
Ihren gift'gen Zahn daran gewetzt,
Daß man uns verlieh,
Was mit vieler Müh'
Männer muthig in das Werk gesetzt,
Ihnen sei's gedacht,
Und ein Hoch gebracht,
Wenn uns einst die erste Fahrt ergötzt.

Die Stadt Mügeln war nicht nur betrieblicher Mittelpunkt der Strecke - man hatte einen zunächst noch bescheidenen Kopfbahnhof errichtet -, sondern hier änderte sich recht markant der Landschaftscharakter. Während der nördliche Teil zwischen Oschatz und Mügeln eher an eine Flachland-Rennstrecke erinnerte, trug der südliche Döbelner Abschnitt beinahe schon Züge einer Gebirgsbahn, relativ starke Steigungen und hohe Brücken prägten das Bild.
Dennoch war letzterer einfacher zu realisieren, bereits am 21. August 1884, zehn Monate nach Baubeginn, fuhr der erste Probezug - eine Lok mit zwei Wagen - im festlich geschmückten Mügeln ein, und im Spätherbst wurde der Verkehr eröffnet. Man beachte vor allem, daß es damals außer Spaten keine andere Bagger-Technik gab!
Der nördliche Streckenabschnitt gestaltete sich komplizierter als erwartet, vor allem wegen der Döllnitz-

brücke und der langen Stützmauer im Oschatzer Stadtgebiet. Doch am 6. Januar 1885 war auch das geschafft, ein langer Sonderzug fuhr mit Ehrengästen von Oschatz nach Mügeln durch eigens errichtete geschmückte Portale, auf denen stand: *»Glück auf der neuen Eisenbahn, dem Lande zu Nutz und Frommen!«* Am Folgetag wurde dann die Gesamtstrecke Oschatz - Döbeln für den Verkehr freigegeben.
Eisenbahntechnische Besonderheit war auf dieser Linie der Abschnitt von Signalstation Gadewitz bis Döbeln Hauptbahnhof, der in Fachkreisen für Aufsehen sorgte. Auch ein gewisser Herr Zezula, seineszeichens Ingenieur der k. u. k. Bosnabahn, zeigte sich entzückt von der *»Fülle interessanter Constructionen«* und schrieb in seinem umfangreichen Werke über die Schmalspurbahnen Europas, daß die Bahn die Strekke Riesa - Chemnitz *»auf einer Länge von 4,31 km mitbenützt, zu welchem Behufe in das normalspurige Geleise eine dritte Schiene eingelegt werden musste. Von hervorragend technischer Bedeutung ist bei dieser Linie die Anlage des Anschlussbahnhofes Grossbauchlitz bei Döbeln, welcher in seiner bisherigen normalspurigen Gestaltung von der Schmalspurbahn durchschnitten wird und deshalb zumeist dreischie-*

Die IK-Lokomotive N°10 zog am 6. Januar 1885 den Eröffnungssonderzug von Oschatz nach Mügeln.

Sächs. Stb. **Döbeln-Mügeln b. O. und zurück.** 3. u. 4. Klasse.

—	—	751	—	505		ab *Dresden-N.* . . } 3 an	1139	418	928	—
—	—	801	—	512		„ *Leipzig Hbf.* . } „	1144	411	923	—
—	—	834	1215	547		„ *Chemnitz Hbf.* 19 . „	1129	522	855	—
—	—	1004	136	741	0,0	ab Döbeln . . } s.a. 12, 19 an	931	410	708	—
—	—	1008	140	745	0,9	Grossbauchlitz } ab	928	407	703	—
—	—	1017	145	754	2,2	Gärtitz . . }	922	401	657	—
—	—	1026	154	803	4,8	Gadewitz . .	909	1250	647	—
—	—	1033	201	810	6,9	Döschütz . . .	903	1243	640	—
—	—	1039	207	818	8,5	Mockritz-Jessnitz	857	1237	634	—
—	—	1045	213	822	9,9	Tronitz . . .	851	1231	629	—
—	—	1049	216	826	10,7	Zaschwitz . . .	848	1228	625	—
—	—	1055	222	832	12,4	Töllschütz . .	842	1222	620	—
—	—	1101	229	838	14,3	Schrebitz . . .	836	1215	613	—
—	—	1106	233	842	15,1	Görlitz b. O. . .	832	1211	609	—
—	—	1112	239	849	17,0	Lüttnitz . . .	825	1205	603	—
—	—	1119	246	856	19,8	an Mügeln b. O. . ab	818	1157	555	—

Sächs. Stb. **Nerchau-Trebsen-Wermsdorf und zurück.** 3. u. 4. Klasse.

—	618	949	256	820		ab *Wurzen* . } 18 an	740	—	—	442	756
—	645	—	353	654		„ *Grimma u. B.* } „	708	—	1040	549	—
—	722	1017	426	846	0,0	ab Nerch.-Trebs. an	638	—	947	414	729
—	729	1024	433	853	2,1	Nerch.-Gornsw. ab	632	—	941	408	723
—	734	1029	438	858	3,6	Denkwitz . .	626	—	935	403	717
—	740	1035	443	904	5,0	Cannewitz . .	621	—	930	357	712
—	745	1040	449	909	6,5	Wagelwitz . .	615	—	924	352	706
—	751	1046	455	915	8,1	Böhlitz-Roda .	609	an	918	346	700
710	758	1052	500	921	9,6	Mutzschen . .	604	704	913	341	655
719	807	1101	509	930	12,6	an Wermsdorf 13 ab	555	655	903	331	645

Sächs. Stb. **Wermsdorf-Mügeln-Oschatz und zurück.** 3. u. 4. Klasse.

◆	—	—	*710	1017	—	426		ab *Nerchau-Tr.* 18 an	947	—	414	729	—	—
◆ 710 ab Mutzsch.			724	1108	—	511	0,0	ab Wermsdorf . an	859	—	329	639	—	—
			727	1111	—	514	0,7	Reckwitz . . . ab	856	—	326	636	—	—
	F	W	735	1119	—	522	3,4	Mahlis . . .	848	—	318	628	—	—
			742	1126	—	529	5,6	Gröppendorf .	841	—	311	621	—	—
	—	—	747	1131	—	534	6,7	Glossen b. Oschatz	837	—	306	617	—	—
	—	—	752	1136	—	539	8,3	Nebitzschen . .	831	—	301	611	—	—
	—	—	758	1142	—	545	10,0	Altmügeln . . .	825	—	255	605	—	—
	—	—	803	1147	—	550	11,3	an } Mügeln b. Osch. { ab	820	—	250	600	—	—
—	538	547	815	1200	305	630		. ab } 13 { an	758	1113	223	534	931	—
—	543	555	820	1205	312	635	12,8	Schweta b. Oschatz ab	753	1108	218	529	926	—
—	551	607	828	1213	323	644	15,5	Naundorf b. Oschatz	744	1059	207	521	918	—
—	600	621	837	1222	334	653	18,4	Kreischa-Saalhaus.	735	1050	156	511	909	—
—	605	631	841	1227	341	657	19,4	Altoschatz-Rosnth.	731	1045	150	507	905	—
—	610	642	846	1234	349	702	20,6	Oschatz Süd . .	726	1040	143	502	900	—
—	613	646	849	1238	352	706	21,4	Oschatz, Körnerstr.	721	1036	136	457	856	—
—	619	652	855	1244	358	712	22,7	an Oschatz 13 . . ab	715	1030	130	450	850	—
—	833	833	1250	249	600	850		an *Leipzig Hbf.* . } ab	446	930	1125	206	735	—
—	812	845	1107	348	622	935		„ *Dresden-N.* . . } 2 „	526	708	1136	216	732	—
—	824	855	1120	409	632	945		. *Dresden Hbf.* } „	514	700	1123	200	724	—

Sächs. Stb. **Oschatz-Strehla und zurück.** 3. u. 4. Klasse.

—	—	815	1200	630		ab *Mügeln b. O.* 13 an	758	223	931	—
—	—	700	1123	724		„ *Dresden Hbf.* . } 2 „	855	409	945	—
—	—	748	1125	735		ab *Leipzig Hbf.* . } an	833	249	850	—
—	—	927	135	815	0,0	ab Oschatz . . an	657	1239	720	—
—	—	939	147	837	3,2	Schmorkau b. O. . ab	643	1225	706	—
—	—	957	205	915	8,2	Zausswitz . . .	626	1208	649	—
—	—	1004	212	922	10,0	Kleinrügeln . .	618	1200	641	—
—	—	1009	217	927	11,3	an Strehla . . . ab	612	1154	635	—

Unter Streckennummer 13 waren die Schmalspurbahnen um Mügeln im »Blitz-Fahrplan der K. Sächs. Sts. E. B.« verzeichnet. Hier der Sommerfahrplan von 1917 nig angelegt werden musste; das Weichennetz bietet eine bedeutende Anzahl gemischtspuriger Geleise-, Weichen- und Kreuzungsanlagen, welche - abgesehen von der grossen Ausdehnung - an Vielseitigkeit den auf den gemischtspurigen englischen Bahnen ausgeführten derartigen Anlagen nicht nachstehen und gegen letztere noch manches Neue bieten.«

Beschriebene Anlagen wurden aber schon bald entwirrt, allzusehr behinderten sich Regel- und Schmalspurzüge. Lediglich im Bereich der Muldebrücke blieb das Drei- und teilweise Vierschienengleis erhalten und das bis 1968! Eine bescheidene Ahnung von diesem Spurweitensalat bietet heute nur noch das Dreischienengleis vom Oschatzer Bahnhof bis zu den Industrieanschlüssen.

Doch zurück zur Geschichte. Die Tatsache, daß Mügeln als Kopfbahnhof errichtet wurde, beweist: Von vornherein bestanden Pläne, eine Zweigbahn in Richtung Wermsdorf zu bauen. Allerdings trug man zunächst so manchen Streit über die Streckenführung aus. Schließlich wurde eine Linie realisiert, die im Döllnitztal bis Wermsdorf, dann zwischen Horst- und Göttwitzsee die Wasserscheide von Elbe und Mulde überquerend nach Mutzschen und von da an im Tal des Mutzschener Wassers bis Nerchau-Trebsen, dem späteren Neichen, verlief. Nach knapp einjähriger Bauzeit feierte man am 1. November 1888 die Eröffnung des Gesamtverkehrs. Damit hatte Mügeln das erste Schmalspurnetz Sachsens!

Wie die Herren »Oberfinanzrath« Ledig und »Rechnungsrath« Ulbricht - beide beschäftigt beim Königlich-Sächsischen Finanzministerium zu Dresden und zuständig für Eisenbahnfragen - mit Akkuratesse berechneten, kostete der gesamte Bahnbau exakt 2 761 101 Mark und 72 Pfennige und somit 50 339,14 Mark pro Kilometer. Ferner vermerkten sie, daß unsere Bahn von Anfang an eine positive Entwicklung zu verzeichnen hatte. Bereits 1894, zehn Jahre nach Eröffnung des ersten Teilabschnitts, wurden zwischen Döbeln, Nerchau-Trebsen und Oschatz insgesamt

13 023 Züge, davon 24 Personen , 12 545 gemischte und 454 Güterzüge gefahren, die vorhandenen Lokomotiven legten 240 546 Kilometer zurück, 1022 Tonnen Steinkohle wurden dabei verfeuert, 241 740 Personen befördert, damit 88 172 Mark Fahrgeld kassiert, sowie 104 296 Tonnen Gut transportiert, wofür 133 856 Mark Frachtgeld eingenommen wurden.
Alles in allem verzeichnete die Bahn in jenem Jahr 22 340 Mark Überschuß, was einer Rentabilität des Anlagekapitals von 0,69 Prozent entsprach. Für heutige Relationen ist das natürlich eine ernüchternde Zahl (wer würde jetzt sein Geld noch zu diesem Zinssatz anlegen?), doch seinerzeit war es ein durchaus befriedigendes Ergebnis, denn die meisten Fabriken, die später Hauptauftraggeber des Güterverkehrs wurden, entstanden ja erst nach dem Bahnbau um die Jahrhundertwende.
Nicht unerwähnt soll auch bleiben, daß die Strecken um Mügeln damals das beste Verhältnis von Nutz- zu Tara-Last aller Schmalspurbahnen Sachsens aufwiesen, welches sogar noch über dem Durchschnitt der sächsischen Regelspurbahnen lag. Wichtigste Gründe hierfür waren vor allem die gute Auslastung der Güterzüge und der Transport von Massengut, wie Rüben, Rübenschnitzel und Kohle, in offenen und somit leichten Waggons.
Der weitere Ausbau des Mügelner Schmalspurnetzes erfolgte bis 1911, am 27. November jenen Jahres wurde als letzte Teilstrecke die Linie von Garsebach bei Meißen über Lommatzsch nach Döbeln eröffnet. Diese gehörte zwar im eigentlichen Sinne nicht zu unserem Schmalspurnetz, wurde aber später als zugehörig gewertet, da sie maschinenverwaltungsseitig dem Bahnbetriebswerk Mügeln unterstand und viele andere Gemeinsamkeiten mit dem eigentlichen Netz aufwies.
Das Mügelnnetz hatte damit die stolze Streckenlänge von exakt 107,6 Kilometern erreicht. Das entsprach nahezu der Entfernung zwischen den Städten Leipzig und Dresden und machte über drei Prozent des

gesamten sächsischen Eisenbahnnetzes aus. Zu unserem Schmalspurnetz gehörte somit genau ein Viertel aller schmalspurigen Streckenkilometer Sachsens! Mit dieser letzten Bahnlinie waren aber auch das Müngelner und das Wilsdruffer Schmalspurnetz zusammengewachsen, so daß ein Doppelnetz entstand, daß sich ab 1923 von Elbe und Mulde bis zu den Kammlagen des Erzgebirges erstreckte.

Einleuchten dürfte nun jedermann, warum ausgerechnet der mittendrin in der heutigen Schmalspurstrecke Oschatz - Kemmlitz liegende Bahnhof Mügeln als erster eingeweiht wurde und somit seine Jubiläen immer vor den umliegenden Streckenabschnitten feiern kann!

Der zunächst bescheidene Bahnhof wurde nach und nach erweitert, bekam ein stattliches Empfangsgebäude, zwei Stellwerke, einen großen Güterschuppen, sein großes Heizhaus, in dem bis zu zehn Lokomotiven ein Dach über dem Kopf fanden, sowie zahlreiche Nebengebäude. Er zählte 36 Gleise, unzählige Weichen, Kreuzungen und sogar Kreuzungsweichen, besaß eine große Ladestraße und zwei Rampen für den Güterverkehr. Einschließlich des Personals von Bahnbetriebswerk und Bahnmeisterei standen hier

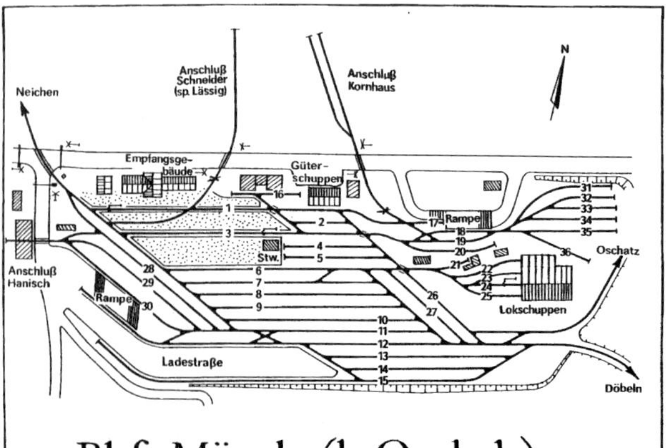

Bhf. Mügeln (b. Oschatz)

bis zu 330 Eisenbahner in Lohn und Brot, es war der größte Betrieb der Region.
Sonderzüge für den sächsischen Königshof machten auf der Reise nach dem Wermsdorfer Jagdschloß in Mügeln Station, begrüßt von Ehrenjungfrauen, Schützen- sowie Turnervereinen, und wieder verabschiedet mit »Vivat!«-Rufen, Pauken und Trompeten. Vor allem aber wurden hier tausende Tonnen Güter auf- und abgeladen, umrangiert, den umliegenden Betrieben über insgesamt fünf Anschlußbahnen zugestellt und abgeholt, ebensoviele Reisende stiegen täglich ein und aus oder um.
Mit seinen Betriebsanlagen war Mügeln einer der größten Bahnhöfe Sachsens, ja er soll der größte Schmalspurbahnhof Europas gewesen sein. Letzteres hat zwar noch nie jemand bewiesen, aber auch nicht angezweifelt!
Obwohl sich der jetzige Zustand eher bescheiden ausnimmt, ist es noch immer eine recht imposante Anlage. Heute noch ist Mügeln das Zentrum der verbliebenen Strecke, aufgebockte Güterwagen der

»Mügeln Hauptbahnhof« Ende der 60er Jahre. Es gibt noch alles: Personenzüge, Güterzüge mit aufgebockten und schmalspurigen Güterwagen.

Regelspurbahn und modernisierte Kippfahrzeuge für Kaolin zeugen vom Güterverkehr, eine der Anschlußbahnen wird nach wie vor täglich bedient; zahlreiche Dienstfahrzeuge sind auf den Gleisanlagen abgestellt, aber auch alte Schmalspurgüterwagen, die auf ihre Restaurierung warten. Hier befindet sich die Verwaltung der Döllnitzbahn, und im großen Heizhaus übernachten wie eh und je die Lokomotiven.

Unser feuriges Zugpferd wird jetzt abgekuppelt und schaukelt über die Gleisverbindungen zu seinem Haus, denn dort befinden sich die Lokomotivbehandlungsanlagen. Kohle muß nachgefaßt und der Wasservorrat ergänzt werden, auch sind die Stangenlager zu schmieren. Alles Arbeiten, bei denen man selbstverständlich zusehen darf. Fast zehn Zentner Steinkohle und dreitausend Liter Wasser werden für eine Fahrt von Oschatz nach Kemmlitz und zurück verbraucht, erfahren wir vom Lokheizer, für manchen kleinen Haushalt das Jahresetat!

GESCHICHTSTRÄCHTIGES MÜGELN

Das Alter soll man ehren.

- Nach Mose 19,32 -

Auch wir können den Aufenthalt nutzen, um uns zu stärken oder aber im über eintausend Jahre alten Städtchen Mügeln umzusehen. Entstanden an einem Döllnitzübergang und Kreuzungspunkt einst wichtiger Handelsstraßen, wurde es zu einer der ersten Städte Sachsens und war viele Jahre Bischofssitz, das Stadtwappen schwelgt noch immer in Erinnerung an diese Zeit.

Heute könnte man Mügeln eher als verträumt bezeichnen, wenn da nicht die unendliche Autoschlange wäre, die sich tagaus-tagein durch die für Handwagen und Reitersleut' gedachte Hauptstraße quält.

Sehenswert ist der kleine Marktplatz, hier steht das Rathaus mit seinem großspurig gestalteten Giebel und der Inschrift *»Suchet der Stadt Bestes«* über dem Portal. Einst war das Gebäude Amtshaus des bischöflichen Vogts, bis es schließlich anno 1395 vom Bischof Johannes III. mitsamt Stadtrecht und Wappen den Mügelnern vererbt und in den folgenden Jahrhunderten mehrfach umgebaut wurde. Offenbar gaben sich die Ratsherren auf der Suche nach »der Stadt Bestem« (und vollem Stadtsäckel!) ausgiebig ihren Träumen von blühendem Handel hin, so daß sie ihrem Rathaus das über den Dingen stehende architektonische Gehabe einer norddeutschen Hanse-Metropole verpassen ließen!

Eher nach Mittelsachsen passend und noch dazu baugeschichtlich interessantestes Bauwerk am Marktplatz ist dagegen das an dessen Nordseite stehende, hin zur Kirche gerückte Wohnhaus mit Krüppelwalmdach und Mansardenfenstern. Der Laie ist geneigt, ihm kaum Beachtung zu schenken, dabei ist es das einzige Gebäude, welches im Verlaufe der Jahrzehnte nicht durch Umbauten verunstaltet wurde. Dieser Baustil prägte einst den gesamten Marktplatz Mügelns und anderer mittelalterlicher Städte Sachsens bis Mitte des 19. Jahrhunderts. Unmittelbar hinter diesem Haus schließt sich der Kirchplatz an, wo die 1608 erbaute Knabenschule und die Pfarre aus dem Jahre 1911 zu bewundern sind.

Die Geschichte der Stadtkirche St. Johannis ist bis heute noch nicht vollständig geklärt, die mit Jahreszahlen versehenen Schlußsteine in den Gewölben verraten aber, daß das heutige Gebäude Anfang des 16. Jahrhunderts entstand. Man beachte vor allem das schmiedeeiserne Tor am Südeingang, es stammt aus dem Jahre 1648 und wird mit Recht als eines der schönsten Sachsens bezeichnet. Gemäß der angebrachten Initialen wurde es von *»Abraham Grundmann, Churfürstlich Süchstscher Amtsschösser Zu Mügeln, Esther Grundmann, Geborene Mühlpfortin«*, was dessen verstorbene Ehefrau war, in stillem Gedenken gewidmet.

Im Inneren der Kirche befinden sich unter anderem zwei Flügel eines Altars mit Gemälden von Matthias Krodel d.Ä. aus Schneeberg im Erzgebirge, entstanden anno 1582, eine Marienfigur von 1510/20 und ein Kruzifix aus dem 17. Jahrhundert. Besonders interessant ist auch ein Grabmal mit der Umschrift: *»Der Hucherwürdige, Edle, Gestrenge Herr Johann von Haugwitz auf Rugenthal, Thurm-Probst zu Naumburg ist in Gott selig verschieden den 6. Mai 1595. Seines Alters 70 Jahre, 8 Munden, 13 Tage, den Gott genade!«* Haugwitz war der letzte Meißner Bischof, im Zuge der Reformation trat er 1581 zum Protestantismus über, wobei er - gewissermaßen den Job wechselnd - Dompropst in Naumburg an der Saale wurde. Er gilt übrigens als einer der Wohltäter Mügelns.

Auch ein Besuch des Johannis-Friedhofes lohnt sich, denn dort hat sich ein steinernes Pestkreuz erhalten, offenbar daran erinnernd, daß nur 67 Mügelner die Pest-Epidemie des Jahres 1637 überlebten. Selbstverständlich gibt es auch ein kleines, aber sehenswertes

Heimatmuseum in der Stadt, das uns das Leben der Altvorderen näherbringt und in dem die illustre Sammlung jener archäologischen Fundstücke zu bewundern ist, um die sich Sattlermeister Hummitzsch so verdient gemacht hat.
Bald soll dieses Stadtmuseum einen Bruder erhalten, den Mügeln als Schmalspur-Hauptstadt eigentlich schon lange verdient hätte. Im großen Güterschuppen auf dem Bahnhofsgelände befindet sich nämlich ein Museum zur Geschichte der Schmalspurbahn im Aufbau.

Damit sind wir wieder bei unserem Zug, die Lokomotive - frisch getränkt - wartet bereits, um die zweite Etappe der Reise in Angriff zu nehmen.
Gleich drei Schrankenbäume senken sich an der Bahnhofsausfahrt, um den Straßenverkehr nach allen Richtungen abzuriegeln, noch heute beredtes Zeugnis der einstigen Bedeutung des Bahnhofs Mügeln, denn im gesamten Netz der sächsischen Schmalspurbahnen waren nur wenige Bahnübergänge mit derartigem Luxus ausgestattet. Die Mehrzahl der Übergänge - wie bereits zu bemerken war - ist nicht gesichert, so daß sich die Lokpersonale akustisch durch Pfeif- und Läutesignale bemerkbar zu machen haben, was der Volksmund konsequenterweise recht schnell zur Bezeichnung »Bimmelbahn« weiterentwickelte.
Trotz aller Geräuschentwicklung kommt es aber bis in die jüngste Vergangenheit immer wieder zu Kollisionen zwischen Bahn und Straßenbenutzern, wobei die kleine Schmalspurbahn im Kräftemessen häufig den kürzeren zieht.
Der wahrscheinlich erste Unfall mit dem motorisierten Straßenverkehr fand übrigens im Jahre 1914 noch zuzeiten der Königlich-Sächsischen Staatseisenbahnen hier am Mügelner Bahnübergang statt. Damals hatte der Fahrer eines Lastkraftwagens der Meißner Felsenkellerbrauerei (ob er womöglich genascht...?) den herannahenden Zug übersehen und war *»in eine Geldstrafe von 20 M oder vier Tagen Haft genommen worden, der er sich ausdrücklich unterworfen hat«*.
Unsere Strecke verläuft nun am Nordrand des langgezogenen Städtchens, zahlreiche kleine Wege kreuzend, vorbei an Gärten in Richtung Altmügeln.
Dabei sollten wir nicht verpassen, einen Blick auf das Schloß zu werfen, das gleich am Haltepunkt Mügeln Stadt vor sich hin träumt, ist es doch noch erheblich älter als unsere Schmalspurbahn. Am Standort einer alten Wasserburg errichtet und 1261 als castrum Mogelin erwähnt, wurde im 16. Jahrhundert der Name Schloß Ruhethal geprägt, die heutigen Mügelner kennen es aber wohl eher noch als Volksgut.

Von 1267 bis 1595 war hier zeitweiliger Aufenthaltsort der Meißner Bischöfe. Der letzte in dieser Riege war Johann von Haugwitz, den wir bereits in der Johannis-Kirche kennengelernt haben und der hier *»auf Rugenthal«* sozusagen seinen Ruhestand verbrachte. Der runde Turm, »der dicke« genannt, mit dem Bischofssaal stammt noch aus jener Zeit, er wurde 1381 erbaut, die übrigen erhaltenen historischen Gebäude entstanden in der Zeit der Spätrenaissance und im 18. Jahrhundert.

Sollte uns mal jemand das Rätsel aufgeben: »Rat, wo du raten kannst, wo ist das Schloß und Stadt, allwo ein Ziegenbock den Turm gebaut hat?«, so können wir in tiefster Überzeugung antworten: »In Mügeln!« Damit hat es folgende Bewandtnis: Der Bau des »dicken Turmes« fällt in die Zeit Bischofs Nikolaus I., der bei der Bevölkerung wenig respektvoll »Ziegenbock« ge-

nannt wurde. Und das Rätsel war seinerzeit Inhalt so manchen Bewerbungsgesprächs: Heutzutage hat der Job-Sucher Zeugnisse und Referenzen vorzulegen sowie allerlei psychologische Idioten-Tests zu bestehen. Doch bereits zu Zeiten der von Ort zu Ort wandernden Gesellen interessierten sich die Handwerksmeister dafür, wo man schon überall gearbeitet hat. Konnte der Bewerber das zitierte absonderliche Rätsel lösen, so war es ein sicheres Zeichen dafür, daß er geraume Zeit in Mügeln geweilt hatte. Übrigens sind auch für viele andere Städte ähnliche Merksprüche überliefert, die sich jeweils auf die örtlichen Wahrzeichen bezogen.

Ein Stück weiter unseres Schienenstranges befand sich einst linkerhand der Mügelner Bleichanger. Als am 29. März 1905 ein Hofsonderzug nach Wermsdorf mit Sachsens letztem König Friedrich August III. hier vorbeifuhr, blies der Wind zu Ehren seiner Majestät schön kräftig in die frisch gewaschene und zum Trocknen aufgehängte Wäsche. Natürlich wäre nichts Besonderes dabei gewesen, hätte da nicht als Blickfang eine lange Reihe knielanger Damen-Unterkleider gehangen, jener guten Stücke, welche die holde Weiblichkeit in Ermangelung anderer Dessous damals zu tragen pflegte. Nun, der Wind blies mit Hingabe, so daß sich besagte Stücke schön aufblähten, was natürlich Augusts Kennerblick nicht entging. Entzückt rief er aus: *»Müssen aber die Mügelner Frauen dicke Ärsche haben!«*

Derlei Sehenswürdigkeit sucht der Reisende von heute allerdings vergebens. Nur die Proportionen bisweilen auf den Gleisen herumstehender Schafe kann er noch genießen; die fleißigen Mügelner Hausfrauen bevorzugen jetzt automatische Wasch-Trockner.

Altmügeln ist erreicht - früher berühmt für seinen Güterverkehr. Hier am Westrand der Stadt siedelten sich im Laufe der Jahre zahlreiche Betriebe an, ausschlaggebend für viele Gründer war damals der Bau der Eisenbahn, ein besseres Verkehrsmittel gab es nicht, und so wurde sie auch rege genutzt. Bis Ende

Die Schwetaer Dorfkirche träumt in den Sonnentag

Knabenschule und Pfarre am Mügelner Kirchplatz

Die Johanniskirche grüßt den Reisenden

Das Südportal von St. Johannis

Imposant: Die Altmügelner Kirche St. Marien

Der Wilde Robert fährt zum letzten Mal nach Neichen

Mannschaftsfotos waren schon vor 100 Jahren Sitte,
nur Schnurbärte trägt man heute seltener

der achtziger Jahre wurden mehrmals täglich die Gleisanschlüsse bedient, Kohle und Rohmaterialien angefahren, beladene Wagen mit Fertigprodukten wieder abgeholt. Wichtigste Kunden der Bahn waren hierbei die chemischen Werke »Lipsia« sowie die Mügelner Ofenfabrik, offiziell »Keramische Werke«, gemeinhin »Ofenbude« genannt. Eine eisenbahnhistorische und technische Besonderheit stellte bis vor wenigen Jahren eine Wagendrehscheibe auf deren Gelände dar; dieser rangieraufwendige Kunstgriff mußte - trotz schmaler Spur - angewandt werden, um die Güterwagen in die verwinkelten Fabrikhöfe zu bekommen.

Mit dem Namen des kleinen Bahnhofs haben sich die alten sächsischen Eisenbahnbeamten eine poetische Spitzenleistung abgerungen, suggeriert er doch etwas ganz romantisch Altes. Dabei ist dieser Teil Mügelns weit entfernt davon, der älteste zu sein, vielmehr bezieht sich der Bahnhofsname auf das erst 1959 eingemeindete Dörfchen Altmügeln, das sich am jenseitigen, nördlichen Döllnitzufer hinzieht.

Etwas mit Alter hat die Angelegenheit aber doch zu tun, sicher war es im Falle Mügelns so ähnlich wie bei Oschatz oder anderen sächsischen Orten: Zunächst gab es da viele Jahrhunderte lang ein Dorf; und eine in seiner Nähe entstehende Verteidigungsanlage oder spätere Stadt übernahm den historisch überlieferten Namen - sicher zur besseren Lokalisierung. Um nun Verwechslungen auszuschließen, erhielt das ältere Dorf den Zusatz »Alden«-, was sich mit den Jahrhunderten in »Alt«- verwandelte.

Auch der Name Mügelns wird seinen Ursprung im heutigen »Altmügeln« haben; bezeichnenderweise war die - wie auf einem Grabmal zu lesen ist: »Neumügelner«! - Johanniskirche noch bis ins 19. Jahrhundert lediglich eine Filiale der Altmügelner Kirche St. Marien. Letztere ist allerdings auch eine imposante Erscheinung, die uns bei der weiteren Fahrt aus der Ferne ihren typisch gotischen rot-weißen Gruß entbietet. Ursache solcherlei Erhabenheit über uns kleine

Menschlein mit unserem kurzen Leben dürfte ihr gesetztes Alter sein; der älteste noch erhaltene Teil des Bauwerks stammt aus den Jahren um 1135, das zu sehende Langhaus dagegen entstand 1487-1512. Im Mittelalter war sie Ziel tausender Pilger, die nach Altmügeln kamen, um zur Gottesmutter Maria zu beten und Erlösung und Ablaß von den Sünden zu erhalten. Grund war, daß in der Kirche ein Marien-Bild aufbewahrt wurde, dem man Wundertätigkeit nachsagte.

Die Lutherlinde auf dem Friedhof beweist indes: Die Reformation machte um Altmügeln selbstverständlich keinen Bogen, und obwohl damals die meisten Kunstschätze einen Scheiterhaufen fanden - sicher war das wundertätige Heiligenbild dabei -, lohnt ein Besuch für große und kleine Sünder selbst heute noch, denn man kann hier neben Seelenheil Bewundernswertes finden, wie Deckenmalereien aus dem Jahre 1720 und eine besonders klangvolle Orgel.

Zu einer regelrechten Wallfahrt artete alljährlich der 8. September aus, es war der Tag Marias Geburt. Schon damals gab es findige Geschäftsleute, die - ohne jemals das Wort Marketing gehört zu haben - schnell feststellten, daß der Mensch vom Beten allein nicht satt wird und mit allerlei Produkten versorgt werden will. Sie hatten ihre Marktlücke erkannt, und schon bald war alljährlich im September rings um die Kirche ein buntes Treiben zu beobachten.

Die hohe Geistlichkeit war natürlich über das infantile Marktgeschrei an ihrem heiligen Orte nicht sonderlich begeistert, so daß die Händler ab dem Jahre 1438 *»auf die Stoppel«* der abgeernteten Felder des Müllermeisters verwiesen wurden. So kam Mügeln zu seinem berühmten »Stoppelmarkt«!

Dieser hatte sich so eingebürgert, daß er - auch ohne die später ausbleibenden Wallfahrer - bis 1977 stattfand. Für unsere Schmalspurbahn bedeutete das viel Arbeit, aus allen Himmelsrichtungen reiste man in langen Sonderzügen nach Altmügeln.

GLEISE IN RICHTUNG WERMSDORF

Wo mit Vögeln alle Sträuche,
Wo der Wald mit Wild,
Wo mit Fischen alle Teiche
Lustig sind gefüllt.

- Friedrich Schiller -

Um die Vielzahl historischer Eindrücke ordentlich verdauen zu können, haben wir uns etwas Erholung verdient! Und die bietet uns ganz bestimmt die nun folgende geruhsame Fahrt, denn wir finden uns unvermittelt wieder mittendrin in landwirtschaftlichem Umfeld. Beiderseits umgeben uns die sanften Hänge des Döllnitztals mit Acker- und Wiesenland, dazwischen Weidenbäume und allerlei Gesträuch.

Für den Eisenbahnhistoriker wäre an dieser Stelle anzumerken, daß wir seit Verlassen des Mügelner Bahnhofs jene Strecke befahren, die einst über Wermsdorf, dort um den großen Horstsee mit seiner Insel herum, über Mutzschen bis hinunter nach Neichen an der »Muldenthalbahn« führte.

Ab 27. September 1888 fuhren hier die Züge, zunächst aber nur im provisorischen Güterverkehr für die drängende herbstliche Rübenabfuhr auf dem Teilstück bis nach Mahlis - übrigens ein weiterer Hinweis darauf, wie wichtig der Bau der Schmalspurbahnen für die wirtschaftliche Entwicklung in unserem Landstrich einst war. Wenige Wochen später, am 1. November des gleichen Jahres, wurde feierlich der Gesamtverkehr eröffnet.

Hier im westlichen Teil des Schmalspurnetzes nannte man die Bahn *»Mutzschen-Mügeln-Mailand-Rom-Expreß«*. Der Grund hierfür war sicher im weitläufigen Streckennetz zu suchen, hätte man doch von Neichen an der Mulde zwar nicht bis Rom, so doch aber über Mutzschen - Mügeln - (und nun kommt's!) - Döbeln - Lommatzsch - Meißen - Wilsdruff - Oberdittmannsdorf - Klingenberg-Colmnitz bis nach Frauenstein im Erzgebirge fahren können, alles mit der Schmalspurbahn natürlich, aber mit vielmaligem Umsteigen und in einer Mehrtagesreise. Ob's mal jemand versucht hat, ist nicht überliefert, von 1923 bis 1964 wäre es jedenfalls möglich gewesen!

Einst verkehrte hier der berühmte »lange Wermsdorfer«, eisenbahnamtlich P1411, der sich zum ausgelastetsten planmäßig verkehrenden Personenzug aller Zeiten im gesamten Mügelnnetz entwickelte und der nach (später vor) fünf Uhr in Wermsdorf seine Fahrt nach Oschatz antrat. In Mügeln wurden einige Verstärkungswagen angekuppelt, die Bremsleine neu gespannt; und eine beeindruckend lange Wagenschlange von bis zu zehn Wagen erreichte die Kreisstadt immer pünktlich zum Arbeits- oder Schulbeginn, wo besonders in den fünfziger und sechziger Jahren gut fünfhundert Personen den Zug verließen und ihrem Tagwerk zustrebten.

Wermsdorf war einer der wenigen Bahnhöfe im Mügelner Schmalspurnetz, der einen Ausflugsverkehr aufzuweisen hatte. Das fast kleinstädtisch wirkende Dorf genoß den Ruf einer berühmten Sommerfrische, so gab es seinerzeit kaum einen Leipziger, der Wermsdorf nicht kannte! Die Schmalspurbahn war es, die seit der Jahrhundertwende den Aufschwung des Tourismus ermöglichte, bot sie doch erstmals eine bequeme Verkehrsverbindung.

Auch in den Jahren nach dem zweiten Weltkrieg war die Wermsdorfer Hubertusburg oft besuchtes Reiseziel, jedoch aus ganz anderem Grunde: Bekanntlich war ihr nur wenige Jahrzehnte vergönnt, als größtes Jagdschloß Europas ihrer eigentlichen Zweckbestimmung zu dienen. Vielmehr wollte es die Geschichte, daß hier schon frühzeitig eine Krankenanstalt eingerichtet wurde. Und so kam es, daß mittwochs und sonntags die meisten in Wermsdorf aussteigenden Reisegäste der »Hub« zustrebten, um den Angehörigen einen Krankenbesuch abzustatten.

Zu den erfreulicheren Dingen gehörte dagegen das

Wermsdorfer Horstseefischen, das sich besonders nach dem zweiten Weltkrieg zu einem regelrechten Volksfest entwickelte. In der Regel verkehrten an diesen Tagen lange Sonderzüge.

Doch die Zahl an Fahrgästen in den Abteilen nahm ständig ab, mancher leistete sich einen Trabbi, und vor allem bei den Einwohnern der Dörfer stieg das Moped in den Rang des Hauptverkehrsmittels auf.

Allerdings hat die. Deutsche Reichsbahn diese Entwicklung durch permanentes Nichtstun nach besten Kräften gefördert. Interessant ist in diesem Zusam-

Warten auf den Mügelner: Reiseverkehr anno 1955

menhang ein Vergleich alter Fahrpläne mit dem letzten von 1972. Zwar reiste man nun mit dem Komfort der zweiten Klasse (die Holzbänke der dritten und vierten waren kaum bequemeren Hartpolster-bezogenen gewichen), doch die Reisezeit von Wermsdorf nach Mügeln hatte sich inzwischen verdoppelt. Während oben im Weltall Raumschiffe kreisten, erreichte ein Güterzug mit Personenbeförderung zwischen Mahlis und Wermsdorf nur mit Mühe und Not die sagenhafte Geschwindigkeit von acht Kilometern pro Stunde. An das Wunder der Landung von Menschen auf dem Mond grenzte nur, daß auf diesem im Grün kaum noch zu erkennenden und wer weiß wodurch in der Spur gehaltenen Schienenpaar überhaupt noch Züge verkehren konnten. Letztendlich stellte man den Betrieb zwischen 1967 und 1972 feierlich mit an der Lok und den Wagen angebrachten Losungen: »*Der Wilde Robert sagt adé*« sowie »*Das Alte weicht, das Neue bricht sich Bahn*« etappenweise ein.

Die Zeiten haben sich geändert, Wermsdorf ist auf dem besten Wege, seinen einstigen Ruf wiederzuerlangen, und so ist auch geplant, diese Strecke teilweise zu reaktivieren. Erste Etappe soll hierbei der Abschnitt bis Glossen werden, wo es eine für den Eisenbahn- und Naturfreund gleichermaßen interessante Feldbahnanlage gibt, die durch eine wildromantische Landschaft fährt. Der dort ansässige Feldbahnverein genießt hervorragende Unterstützung durch die Gemeindeverwaltung und führt an einigen Wochenenden bereits Personenverkehr durch. Es ist ein Erlebnis besonderer Art, sich auf den mit Bänken ausgestatteten offenen und ungefederten Feldbahnloren die Knochen kräftig durchschütteln zu lassen.

Wermsdorf war nicht nur gefragtes Reiseziel, sondern wichtigste Betriebsstelle auf der 24 Kilometer langen Linie Mügeln - Neichen, denn dort übernachteten die Stammlokomotiven, die morgens den ersten Zug nach Mügeln brachten, und hier waren auch die Lok- und Zugpersonale dieser Zweigstrecke beheimatet.

Während der Dienst zwischen Oschatz und Mügeln

eher von einer gewissen Hektik geprägt war - wegen des dichten Zugverkehrs war jede Minute Fahrplanzeit unumstößliches Gesetz -, bildete sich bei den weitab vom Schuß waltenden Wermsdorfer Eisenbahnern eine eigene Lebens- und Betriebsphilosophie heraus. So gab es bisweilen für den allabendlich von Mügeln nach Wermsdorf verkehrenden letzten Personenzug auf der Strecke ein eigenes Ritual.
Bis zum Abzweigbahnhof Nebitzschen verlief alles schön ordentlich und sittsam; das war ja auch nötig, denn zwischen Kemmlitz und Mügeln fand sogar nachts Güterverkehr statt. Doch die Tatsache, daß man sich von nun an allein auf weiter Flur befand und die Regierung (sprich der Zugleiter in Mügeln) so weit weg war (immerhin drei Kilometer!), rückte die Befriedigung allen tagsüber beim Dienst auf der heißen Lok angestauten Verlangens in greifbare Nähe.
Geschwind war man in Glossen, wo folgerichtig der Fahrplan rein theoretische Bedeutung erlangte, denn die Bahnagentur befand sich im Gasthaus »Zum Weißen Roß«, unmittelbar am Halteplatz der Lokomotive. Den oft einzigen Fahrgast im Zuge kannte man selbstverständlich, Verpfeifen bei der Obrigkeit ging dem

Halt in Glossen. Man hatte »Expreßgut« mitgebracht: Bierkästen fürs »Weiße Roß« (links im Bilde).

armen Teufel gegen die menschliche Ehre, und so blieb ihm nichts anderes übrig, als hinter dem Zugpersonal in den Gastraum zu trotten. Vielleicht hat er sich auch gefreut, war doch nun seine verspätete Heimkehr gegenüber dem nudelholzbewaffneten Eheweib sozusagen objektiv begründet.
Ob es immer bei nur einem kühlen Blonden geblieben ist, sei dahingestellt, auf keinen Fall verpaßte man aber, exakt zur Wermsdorfer Ankunftszeit beim Zugleiter in Mügeln anzurufen und eine korrekte Zuglaufmeldung abzugeben. Dieser quittierte die Meldung pflichtbewußt, stolz und froh, wieder einen Zug (pünktlich!) zum Ziel geleitet zu haben...
Irgendwann dampfte man weiter, meist war aber in Mahlis schon wieder Schluß, denn da wartete die Lindner-Hanne in der kombinierten Kolonialwarenladen-Gaststätten-Bahnagentur. (Wann die Lok dann endlich in ihrem heimatlichen Wermsdorfer Heizhaus ankam, wollen wir hier lieber nicht untersuchen!)
Zur Ehrenrettung der Mügelner Lokpersonale muß an dieser Stelle aber auch eine andere Begebenheit erwähnt werden, die beweist, daß jene ihren Wermsdorfer Kollegen mitnichten nachstanden: Bekanntlich bedarf es lediglich eines traurigen oder freudigen Anlasses, um ein paar Gläschen zu leeren. Der Heizer eines nach Mügeln verkehrenden Personenzuges schien allerdings an jenem Tage nicht in bester Form gewesen zu sein, kurz, er mußte im Packwagen zur Ruhe gebettet werden. Der Lokführer bediente seine Maschine allein, die paar Schippen Kohle waren nebenbei mit aufzulegen, und auf den Straßen gab's noch nicht den Autoverkehr von heute, so daß man eine Ein-Mann-Besetzung trotz zahlreicher Bahnübergänge riskieren konnte.
Unterwegs nahm keiner Anstoß an der dezimierten Mannschaft, jedoch mußte man sich für die Einfahrt in Mügeln etwas einfallen lassen. Allzuviele gestrenge Argusaugen wachten damals über die Einhaltung von Sitte und Ordnung im Betriebsgeschehen. Was tun? Der Heizer grunzte friedlich im schaukelnden Pack-

wagen vor sich hin, und Mügeln war nicht mehr weit. Da fiel des Lokführers nach Hilfe suchender Blick plötzlich auf eine Vogelscheuche, die an einem Feldrain stand und Raben von der Saat abhalten sollte. »Das ist es!«, fuhr es ihm durch den Kopf. Gedacht, getan, schnell fand sich ein Besen, (weniger schnell war der Heizer ausgezogen) und bald darauf - wie beim Goetheschen Zauber-Azubi - stand ein frischgebackener uniformierter Helfer im Führerstand. Mit wehender Dampf-Fahne und vollem Personal fuhr man in Mügeln ein. Keiner hatte etwas bemerkt!
Doch die Freude war verfrüht, keine Sünde bleibt ungestraft, denn: *»Die Geister, die ich rief...«* Der diensthabende Lokleiter verlieh seiner Unzufriedenheit nachhaltig Ausdruck: *»Um die ausreichende Beobachtung des Fahrweges und der Weichenstellung zu gewährleisten, hat das Lokomotivpersonal während der Einfahrt in den Bahnhof Mügeln zu stehen und nicht zu sitzen!«* Er hatte ja sooo recht, aber leider konnte man sich nicht damit rechtfertigen, daß der Besen etwas zu kurz war...
Bliebe zu hoffen, daß uns die damals beteiligten Eisenbahner diese Enthüllungen über ihre kleinen Sünden verzeihen. Wer von ihnen heute überhaupt noch am Leben ist, der verlebt größtenteils seinen wohlverdienten Ruhestand. Außerdem sind die Ereignisse von damals ja schon lange verjährt!
Leider war die Strecke nach Neichen Schauplatz so manch folgenschweren Verkehrsdelikts. Ursache für zahlreiche Unfälle mit tödlichem Ausgang war - wie so oft - Mißachtung der Vorfahrt des Zuges. Zu den Opfern dieser traurigen Bilanz zählten zwei Wagelwitzer Hühner (siehe umseitiges »Täter«-Bekenntnis) und zwölf Schafe einer Mahliser Herde. Leithammel, seid wachsam, insbesondere an ungesicherten Bahnübergängen!
Mehr als tragisch war auch der viel zu frühe Tod eines Ochsen, der sich nichts hatte zuschulden kommen lassen und genüßlich am Bahndamm wiederkäute. Doch sein friedlich Tagwerk wurde jählings vom

Sicherheitsventil eines Lokomotivkessels sabotiert, denn ein unachtsamer Heizer hatte zuviel Wasser gekocht. Der mit martialischem Kreischen befreit gen Himmel pfeifende Dampfüberschuß jagte dem armen Ochs' einen solch gewaltigen Schrecken ein, daß er vom Schlage getroffen zu Boden sank.

Wir sind in Nebitzschen eingetroffen, hier ist uns noch ein originales Relikt aus der Zeit der Königlich-Sächsischen Staatseisenbahn erhalten geblieben - das alte hölzerne Wartehallengebäude. Es wurde nach einem typisierten Bauplan für Bahnstationen untergeordneter Bedeutung errichtet und war in dieser oder leicht abgewandelter Form bei allen bis zur Jahrhundertwende gebauten Schmalspurstrecken ganz Sachsens zu finden. Jahrzehntelang schien es dem Verfall preisgegeben, doch inzwischen hat sich der Mügelner Schmalspur-Traditionsverein seiner angenommen.

Nebitzschen war Abzweigbahnhof, die erwähnte Stammstrecke nach Neichen verlief geradeaus weiter im Döllnitztal, bei der Ausfahrt kann man den ehemaligen niedrigen Bahndamm noch gut erkennen.

Seine Wiederbelebung wird sicher noch ein paar Jahre auf sich warten lassen, wem das zu lange erscheint, der bringe sein Fahrrad mit und radle ab Nebitzschen immer im Döllnitztal entlang. Die Tour ist nicht sehr anstrengend und daher sogar ungeübten Hobby-Sportlern zu empfehlen.

Über Glossen führt zunächst eine Straße unmittelbar an der ehemaligen Bahntrasse entlang bis Mahlis, »Mals« genannt und 1198 auch als solches erstmals erwähnt. Am Ortseingang steht eines der ältesten Fachwerkhäuser des Regierungsbezirkes Leipzig, das hervorragend unterhalten ist. Sein Besitzer merkt an, in der Wohnstube nicht aufrecht stehen zu können, er ist obendrein eines der letzten wandelnden Volks-Originale mit Philosophenbart und Zigarre. Von Mahlis führt ein Feld-, Wald- und Wiesenweg durchs Laubenthal, vorbei am Döllnitzsee mit seltenen Wasservögeln bis zum Horstsee unweit Wermsdorfs mit seinen beiden Jagdschlössern.

An Familie Haberecht in Wagelwitz.

Lieber Max und Frau Gemahlin!

Durch einen tragischen Eisenbahnunfall wurden aus Deiner großen Hühnerfarm in Wagelwitz zwei wertvolle Legehennen mit einer Tagesleistung von je – 3 Eiern – so unglücklich verletzt, weil diese armen Tiere in den "Wilden Robert" hineinsausten, ohne das vorschriftsmäßige Läute- und Pfeifsignal zu beachten.

Dem Lokpersonal war es nicht möglich, den Schwerlastzug zum Halten zu bringen. Durch schnelles Handeln war es möglich, daß die verletzten Tiere noch Verwendung für Kochtopf und Bratpfanne fanden.

Als wir mit dem Gegenzug den Zentralbahnhof "Wagelwitz" passierten und eine Tasse Hühnerbrühe wünschten, nahm Deine liebe Gattin uns gegenüber eine drohende Haltung ein, so daß uns nur das Abfahrtssignal des Zugführers vor weiteren Zwischenfällen retten konnte.

Das Lokpersonal war über den tragischen Unfall sehr erschüttert und hat deshalb alles aufgeboten, sofort einen Ersatz der wertvollen Tiere zu sichern.

Anbei deshalb:

"Zwei noch wertvollere Küken bester Qualität", die von einem Stammbaum stammen, eisenbahnsicher sind und gleichzeitig die "neue" Straßen- und Verkehrsordnung beherrschen sowie außerdem die gesamte Hühnerfarm in diesem Sinne erziehen werden.

Gleichzeitig wünschen wir Dir zu Deinem

"40jährigen Dienstjubiläum"

alles denkbar Gute und weiterhin "Frohe Fahrt"!

Desgleichen wünschen wir Dir nebst Deiner lieben Gattin und Angehörigen ein recht frohes Osterfest, verbunden mit kollegialen Grüßen

"Die Hühnermörder"

Rudolf Wunderlich, Paul Hessel

Gänse-Mügeln, 18.4.1957

Anbei: 2 Küken

QUALMEND IN DIE WEISSEN BERGE

Man muß nicht jedesmal Feuer schreien, wenn ein Schornstein raucht!

- Deutsches Sprichwort -

Unser Zug verläßt das Döllnitztal und biegt nach links in das Tal des Kemmlitzbaches ab, den wir gleich auf einer Brücke überqueren. Sein Name ist ebenfalls slawischen Ursprungs und bedeutet soviel wie »Steinbach«. Heutzutage ist er aber weniger durch Steine, denn durch leicht milchiges Wasser gekennzeichnet, was bereits das Ziel unserer Fahrt ankündigt - das Kemmlitzer Kaolingebiet.
Zuvor haben wir jedoch das eindrucksvollste und unsere Lokomotive das anstrengendste Teilstück noch vor uns. Hier geht es nämlich - bis auf einen kurzen Abschnitt in der Poppitzer Hohle - mächtig bergan, die Maximalneigung beträgt 1:50, auf fünfzig Metern Streckenlänge steigen wir somit um einen vollen Meter in die Höhe. Besonders vor Güterzügen ist nun Schwerstarbeit angesagt, in der Regel mußten diese in Nebitzschen halbiert und getrennt nach oben gefahren werden. Mitunter kann man das heute noch beobachten. Früher waren manchmal zwei Lokomotiven vorgespannt, gemeinsam war's halt leichter, die Steigung zu »ermäckern«. (Das ist übrigens mal keine Anspielung aufs liebe Weidevieh, sondern die hiesige Steigerungsform von »ermachen«!)
Auch unsere Zuglok kündet mit dunklen Rauchschwaden davon, daß wir die westlich Mügelns vom Döllnitztal markierte Grenze zwischen dem nordsächsischen Tiefland und dem mittelsächsischen Hügelland passiert haben. Eindrucksvoller als alle nüchterne Landschaftsgeographie ist jetzt ein Platz auf der Plattform des letzten Wagens, von wo man am besten sehen kann, wie sich der Schienenstrang, das Geländeprofil nutzend, in die Höhe windet.

Landschaftliche Schönheiten dürfte die Sächsische Staatsbahn damals allerdings kaum im Sinn gehabt haben, vielmehr wurde die Strecke als reine Güterbahn konzipiert und gebaut. Sie ist auch die jüngste aller von Mügeln ausgehenden Strecken, erst am 3. August 1903 wurde der Verkehr von Nebitzschen nach Kroptewitz über Kemmlitz und Börtewitz eröffnet. Dafür ist es aber der Streckenteil, dem unsere Schmalspurbahn bis heute ihre Existenz zu verdanken hat. Ohne die Kaolinabfuhr hätte sie sicher schon vor einigen Jahren das Schicksal der meisten ost- wie westdeutschen Bahnen schmaler Spur geteilt, das Stillegung hieß.

Dennoch gab es für wenige Jahre einen planmäßigen Reiseverkehr! Eigentlich ist es stark übertrieben, von Reiseverkehr zu sprechen: Während man diese Strekke bis zum zweiten Weltkrieg nur zu ganz besonderen Anlässen - wie dem Altmügelner Stoppelmarkt - in Sonderzügen bereisen konnte, fand sie sich nach dem Krieg im Kursbuch der Deutschen Reichsbahn. Ein erster Blick verriet: Werktags verkehren zwei Zugpaare! Beim näheren Hinsehen stellte der Interessent allerdings verwundert fest, daß die meisten der ausgewiesenen Züge geschlagene zwei Stunden für die neun Kilometer benötigten. Jeder rüstige Wanderer war schneller am Ziel!

Nun, ein damals bei vielen Nebenbahnen übliches Fahrplan-Symbol mit der lakonischen Erläuterung: *»Zug kann ab Kemmlitz (b. Oschatz) u. Börtewitz bis zu 20 Min früher verkehren«* zeigt, was es mit diesen »Reisezügen« auf sich hatte: An die verkehrenden Güterzüge wurde einfach ein Personenwagen angehängt! Die Bedienung der zahlreichen Kaolin-Anschlüsse in Kemmlitz nahm viel Zeit in Anspruch, so daß dieser häufiger stand denn fuhr.

Einleuchtend, daß sich nur wenige Reiselustige fanden, die diese stundenlange Tortur auf sich nahmen. Wer es dennoch tat, hatte bisweilen Glück: Weil man einziger Fahrgast war und der Schaffner einen Zehn-Mark-Schein nicht wechseln konnte (oder wegen

einer einzelnen Person nicht wollte!), durfte man spesenfrei mitfahren.
Kein Wunder also, daß diese denkwürdige Reisemöglichkeit schon bald auf zwei Tage pro Woche reduziert und bei der erstbesten sich bietenden Gelegenheit gänzlich abgeschafft wurde.
Interessant ist an dieser Stelle vielleicht zu wissen, daß einst Pläne bestanden, diese Strecke über Kroptewitz hinaus nach Großbothen am Zusammenfluß von Freiberger und Zwickauer Mulde zu verlängern. Damals war allerdings die sächsische Regierung schon arg in die Kritik geraten, wegen des Baus immer unrentablerer Eisenbahnlinien sahen die Staatsfinanzen nicht mehr sonderlich rosig aus. Schließlich kam der erste Weltkrieg, bald danach waren das Königreich Sachsen und mit ihm die Sächsischen Staatseisenbahnen Geschichte. Zu einer Realisierung kam es deshalb nicht mehr. Obendrein wurde Ende der sechziger Jahre das Teilstück von Kemmlitz bis Kroptewitz stillgelegt.
Was hilft's, wir begnügen uns mit dem Streckenabschnitt bis Kemmlitz, genießen die Vorbeifahrt an einem stillen Teich und am kleinen Poppitz, das sich etwas reserviert abseits hält.
Ob diese Zurückhaltung wohl Ausdruck tiefster Sorge vor dem sich auf jene sechs Bauerngüter ergießenden Touristenstrom ist? Weiß doch nun jedermann in Deutschland (oder bescheidener: jeder Kursbuchbenutzer!), wo bloß in aller Welt dieses Poppitz liegt. Ja, zum ersten Mal in seiner ruhmreichen 650jährigen Geschichte hat es den ihm gebührenden Platz im allerheiligsten Werk des deutschen Eisenbahnverkehrs gefunden und prangt nun von dessen Seiten - endlich gleichberechtigt - neben ähnlich bedeutenden Ortschaften, wie: Poppenhausen, Potsdam, Posen oder Papitz, Paderborn, Paris...
Dies alles will bedeuten: Unser Zug hält natürlich hier, falls jemand ein- oder aussteigen will. Und damit das nun endlich mal jemand tut, folgt selbstverständlich die Empfehlung auf dem Fuße: Vom Haltepunkt

unserer Bahn führt in südöstlicher Richtung ein Rad- und Wanderweg hinauf nach Baderitz. Sein aus dem Altsorbischen stammende Name »pod grodici« - »unterhalb der Burg« - weist auf den Festenberg hin, wo vor Jahrhunderten eine Festungsanlage stand. Dieser 199 Meter hohe Berg besteht aus Quarzporphyr, imposant ist vor allem seine fast senkrecht aus dem Tal des Hasenbaches emporspringende Westwand.

Vom Festenberg ist es nicht mehr weit bis Sornzig, das in reizvoller Landschaft des Lößhügellandes gelegen ist. Dort stiftete Siegfried III. von Mügeln im Jahre 1241 das Nonnenkloster Marienthal. Noch heute sind da Reste der jahrhundertealten Klostermauer, das ehemalige Schwesternhaus und der Sonnenbrunnen zu bewundern.

Man kann auch über das kleine Anwesen Oberhof nach Mügeln hinunterwandern. Für die Mühen und Blasen an den Füßen entschädigt ein eindrucksvoller Überblick über das Döllnitztal mit dem unten eingebetteten Mügeln und über das nördliche Tiefland, wo sich der Collm und das Zwillingspaar der Oschatzer Kirchtürme malerisch abheben. Empfehlenswert ist das ganze Unterfangen vor allem im Frühjahr, denn die Gegend ist traditionelles Obstanbaugebiet.

Wem die Anstrengung dennoch zu groß erscheint, der bleibe im Zug sitzen; es geht weiter bergan, wir passieren auf der einen Seite Felder und auf der anderen Obstbaumplantagen, schrecken hie und da schlafende Feldhasen oder krächzende Krähen auf, die in panischer Angst vor der gewaltigen Rauchfahne unseres Wilden Robert fliehen, und erreichen so - immer in unmittelbarer Nähe des zwischen hohen Bäumen zu Tale murmelnden Kemmlitz-Bächleins - unser Endziel.

Schon sind die ersten Häuser zu sehen, und gleich darauf halten wir im neuentstandenen Haltepunkt Kemmlitz Ort. Der Wilde Robert legt hier gern eine Verschnaufpause ein, ist es doch die kleinste, mit Abstand aber schönste Bahnstation unserer Strecke. Man spürt förmlich die Liebe und Sorgfalt, die Ge-

meindeverwaltung sowie fleißige Handwerker an den Tag legten.
Kemmlitz Ort ist für unerschrockene Pedalritter ebenfalls als Ausgangspunkt für Touren in die nähere und weitere Umgebung geeignet, empfohlen sei folgender Berg-und-Tal-Ritt: In Richtung Ablaß fährt man die Straße hinauf bis Querbitzsch, wo jenes Haus steht, in dessen Keller die Döllnitz entspringt, von da geht's vorbei an der imposanten Holländer-Windmühle nach Wiederoda mit seinem alten Rittergut. Die Gegend ist so fruchtbar, daß man den früher hier rauschenden Wald wieder und wieder rodete, um Ackerland zu gewinnen. Am Ortsausgang gelangt man auf die Alte Salzstraße. Von dort oben liegen nahezu alle lohnenswerten Ziele buchstäblich auf der Hand: Linkerhand lugt der Turm der Hubertusburg aus dem Wald hervor, genau im Blickfeld ducken sich die Häuser von Mahlis unter der Würde der 1777/78 im sächsischen Rokoko-Stil erbauten Dorfkirche und der alles überragenden majestätischen Erscheinung des Collms. Entlang der Salzstraße kann man auch ins altehrwürdige Ackerbürgerstädtchen Mutzschen (mit Jugendherberge) radeln, und wer noch mehr erfahren (oder erwandern!) möchte, der lese im Sax-Führer Mutzschen/Wermsdorf weiter!
Für unsere Lokomotive heißt es nun, sich noch einmal tüchtig ins Zeug zu legen; noch ein paar kräftige Dampfstöße, eine scharfe Linkskurve, eine große Brücke, und wir fahren in Kemmlitz Betriebsbahnhof ein. Dieser liegt hoch über den Dächern des Dorfes; uns umgeben bewaldete weiße Berge sowie die Industrieanlagen zur Kaolinförderung und -verarbeitung. Zusammen mit den im Umkreis von wenigen Kilometern liegenden Tagebauen bilden sie das bedeutendste Kaolin-Fördergebiet Mitteleuropas.
Selbst wenn das wenig einladend wirkt, sollten wir uns an dieser Stelle doch eines bewußt machen: Uns zu Füßen liegt ein bescheidener Anteil an der Berühmtheit des Meißner Porzellans, Kaolin ist nämlich unter anderem wichtiger Ausgangsstoff für die Porzel-

lanherstellung! So wurde es zunächst von der Meißner Manufaktur bezogen, später kamen weitere Kunden hinzu. Obwohl im Kemmlitzer Raum bereits seit dem Jahre 1883 Kaolin abgebaut wurde, war es die Eisenbahn, die, ein geeignetes Transportmittel bietend, erst den Aufschwung der Kemmlitzer Kaolinindustrie ermöglichte. Selbst heutzutage rollt noch ein großer Teil des geförderten Kaolins vom kleinen Kemmlitzer Bahnhof per Eisenbahn in die Welt, so in die Hanse- und Hafenstadt Lübeck.

Früher transportierte man das Kaolin in Schmalspurwaggons nach Strehla und lud es dort in Binnenschiffe um. Noch Mitte der fünfziger Jahre trug man sich mit dem Gedanken, den kleinen Elbkai zu einem Kaolin-Umschlaghafen auszubauen, um noch mehr Kaolin verschiffen zu können, war doch diese Transportform recht günstig: Ohne Umwege gelangte der Rohstoff vom Förderort zu den Elbkähnen. Bei den Plänen ist es allerdings geblieben, viele Jahre fuhr das Kaolin in aufgebockten Regelspurwagen zum Oschatzer Bahnhof, und der neueste Schrei sind wieder Schmalspurwaggons: Alles Neue ist eben ordentlich vergessenes Altes!

Die in absehbarer Zeit notwendige Erweiterung des Abbaus hat natürlich bereits Umweltschützer auf den Plan gerufen. Im Hinblick darauf, daß wir künftigen Generationen kaum noch eine Überlebenschance hinterlassen, mögen sie recht haben. Noch mehr als den Kaolinabbau wird man sich allerdings einmal über die Tatsache ärgern, daß »die Menschen früher« das ganze schöne Öl aus dem Erdinneren gepumpt haben, nur um daraus in mühseligen Prozeduren übelriechende Flüssigkeiten herzustellen, die »Benzin« und »Diesel« genannt wurden. So ähnlich, wie wir heute vom Steinzeitmenschen hören, der in wilden Horden durch die Wälder streifte, um Urtiere zu erschlagen, wird man dereinst die Kunde vernehmen, daß jene Flüssigkeiten in rollende, befensterte und mit Sitzgelegenheiten ausgestattete Personen-Behältnisse gekippt wurden, um sie dann in einer urtümli-

chen Vorrichtung mit Zylindern und Rädchen schlicht und ergreifend zu verbrennen; und das alles nur, weil man von A nach B wollte!
Um zum Kaolin zurückzukehren: Laßt uns doch ab morgen aufhören, von Tellern zu essen! Aber nein: Nobel geht die Welt zugrunde.
Vielleicht beruhigen sich zukünftige Generationen etwas, wenn sie hören werden, daß es seinerzeit Menschen gab, die das Kaolin mit der Eisenbahn abtransportierten, deren Lokomotiven weitaus weni-

Auch Kaolin-Anschlüsse können idyllisch gelegen sein.

ger besagten Diesels in die Luft pufften als große Lastkraftwagen. Milder läßt sich sicher auch Mutter Natur stimmen, wenn sie den in einem Tagebaurestloch entstandenen Silbersee mit azurblauem Wasser südlich des Kemmlitzer Bahnhofs entdeckt. Übrigens bestehen Pläne, diesen in einen Badesee umzugestalten. Mit einem Wort: Der Mensch muß nur wollen, keine Wüsten zu hinterlassen!

Bis 1968 führte der schmalspurige Schienenstrang - wie bereits beschrieben - ab Kemmlitz weiter bergan über Börtewitz bis nach Kroptewitz. Dort oben auf zugiger Höh' wurden vor allem Zuckerrüben und andere landwirtschaftliche Güter verladen und dann zu Tal geschaukelt. Das ist nun heute nicht mehr möglich, und in Kemmlitz ist die Eisenbahnwelt zu Ende.

Unsere Lokomotive setzt deshalb schnell an das andere Ende des Zuges um, denn jetzt geht es - ärschlings, wie die Sachsen sagen - rück- und abwärts retour gen Oschatz. Wir haben nun Zeit, noch so manches Interessante aus den letzten Jahren der Geschichte unserer Schmalspurbahn sowie über deren Fahrzeuge zu erfahren.

Das Rangieren innerhalb der Gleisanschlüsse besorgen Werkslokomotiven.

WIR BAUEN AUF UND REISSEN NIEDER...

Persönlichkeiten werden nicht durch schöne Reden geformt, sondern durch Arbeit und eigene Leistung.

- Albert Einstein -

Wie wir erfahren haben, war ab 1. Oktober 1972 von unserem umfangreichen Schmalspurnetz nur noch die - eigentlich aus den Rümpfen dreier einst selbständiger Linien bestehende - Reststrecke Oschatz - Kemmlitz übriggeblieben. Noch einige Jahre verkehrten die langen, vollbesetzten Berufsverkehrszüge auf der Relation Mügeln - Oschatz und zurück, wenngleich mit nur einem anderthalben Zugpaar.

Ganz zu Ende war das dann am 27. September 1975. Es schien ein Abschied für immer zu werden, wohl keiner der Fahrgäste im letzten Personenzug nach Mügeln hätte vorauszusehen gewagt, daß die Strecke genau zwanzig Jahre später wieder in einem Kursbuch zu finden sein würde, und noch dazu in einem gesamtdeutschen!

Zu propagieren gab es seinerzeit genug anderes, zum Beispiel den *»reibungslosen Verkehrsträgerwechsel«* und die *»nahtlose Übernahme der rund 300 Berufspendler täglich durch den VEB Kraftverkehr«*.

Doch diejenigen, die ab diesem Zeitpunkt die Busse benutzen mußten, erinnern sich sicher an die damals herrschenden chaotischen Verhältnisse. Oft genug kam es vor, daß man an den Unterwegshaltestellen stehenbleiben mußte, weil sich beim allerbesten Willen kein Platz mehr im überfüllten und viel zu kleinen Bus fand. Auch die Mügelner Schüler, die damals täglich nach Oschatz in die Penne (heutiges Thomas-Mann-Gymnasium) fuhren, erkannte man daran, daß sie recht häufig (und im Winter immer!) zu spät zum Unterricht erschienen.

Grund für die Einstellung des Personenverkehrs war also nicht der Mangel an Reisenden, wie im nachhinein oft behauptet wurde, sondern der überaus schlechte Zustand der Gleisanlagen, bei denen man kaum noch eine gefahrlose Beförderung von Personen garantieren konnte.

Außerdem war man ja damals bestrebt, den Westen zu *»überholen ohne einzuholen«*, bekanntlich spielte aber dessen Bundesbahn in Europa die ruhmreiche Vorreiterrolle beim Abschlachten von Nebenbahnen. So sahen auch die Oschatzer »örtlichen Organe« lieber Busse aus sozialistischer Produktion denn eine Eisenbahn aus König Alberts Zeiten durchs Land fahren. Natürlich hatten sie dabei großzügig übersehen, daß viele der in den fünfziger und sechziger Jahren rekonstruierten Schmalspurfahrzeuge erheblich verkehrssicherer waren als ein Großteil der damaligen Straßen-Oldtimer. Noch heute streiten sich die Wirtschaftswissenschaftler darüber, ob der Einsatz moderner Triebwagen auf der Schmalspurbahn mehr »volkswirtschaftliche Kapazitäten« gebunden hätte als der erheblich erweiterte Busverkehr.

Der wichtigste Grund für den »Verkehrsträgerwechsel« ist aber sicher darin zu suchen, daß die Strecke Oschatz - Kemmlitz wegen des überaus regen Güterverkehrs eine stattliche Anzahl an Güterzügen aufzunehmen hatte. Infolge des Abbaus von Kreuzungsgleisen auf den Unterwegsbahnhöfen während der Einstellungseuphorie der sechziger Jahre war einfach kein Raum mehr für einen Personenverkehr. So sehr sich die Allgewaltigen die Einstellung des Güterverkehrs auf der Reststrecke herbeisehnten: Mit jedem neuen Tag behauptete die Bahn trotzig ihre Daseinsberechtigung.

Man schrieb mittlerweile das Jahr 1980, und das Frachtaufkommen war inzwischen wieder im Ansteigen begriffen. Rund 360 000 Tonnen Gut, darunter ein hoher Prozentsatz an Kaolin und Kohle, wurden pro Jahr zwischen Oschatz, Mügeln und Kemmlitz transportiert. Das war fast so viel wie die beförderte Tonnage des gesamten ehemaligen Netzes in seinen besten Jahren!

Es mußte dringend etwas geschehen, denn die Züge kämpften sich damals über kaum noch auszumachende Schienen durch ein Unkrautdickicht, wegen der ständig grassierenden Einstellungspläne war der Oberbau jahrzehntelang vernachlässigt und immer nur notdürftig geflickt worden.
Zunächst war eine Ablösung durch LKW-Transporte geplant, was wegen der berühmten »begrenzten volkswirtschaftlicher Kapazitäten« und des Straßenzustandes aber kaum den Ansatz einer Realisierung erreichte. Ferner war ein Rohrleitungssystem angedacht, über welches das Kaolin von Kemmlitz zu einem Verladepunkt an einer Hauptbahn gepumpt werden sollte. Doch das wäre sicher noch teurer geworden.
Mit Ausbruch der Ölkrise war (selbstverständlich *»in Auswertung des IX. Parteitages«*) plötzlich wieder die Parole »Güter auf die Schiene« aktuell. Selbst von offiziellen Stellen hörte man damals die Verlautbarungen, daß der Abschnitt Nebitzschen - Mahlis der ehemaligen Mügeln-Neichener Strecke für den Güterverkehr wiederaufgebaut würde. Andernorts munkelte man sogar über die Wiedereinführung des Bahn-Berufsverkehrs, denn der VEB Kraftverkehr war bis Anfang der achtziger Jahre dem morgendlichen und abendlichen Ansturm kaum gewachsen.
Mit größter Ernsthaftigkeit wurde am Plan einer Umspurung der Strecke Oschatz - Kemmlitz auf Regelspur gearbeitet. Dazu wurden unter anderem an der Hochschule für Verkehrswesen »Friedrich List« in Dresden (heute Fakultät der dortigen Technischen Universität) umfangreiche Untersuchungen angestellt, die jedoch mit dem Ergebnis endeten, daß eine Umspurung ökonomisch nicht zu rechtfertigen und einer Streckensanierung - und somit Weiterbetrieb als Schmalspurbahn - der Vorrang einzuräumen sei.
Wiederum kam es nicht zum Aus, sondern in den Jahren ab 1980 wurde die gesamte Strecke mit großem Aufwand und unter Nutzung althergebrachter, seit Jahrhunderten bewährter Technologien (will

heißen: Handarbeit!) vollständig erneuert. Sie erhielt einen schwereren Gleisoberbau, einige Brücken wurden zu Durchlässen umgestaltet und die Bahnhöfe güterverkehrsgerecht umgebaut. Wie sonst nur auf Hauptbahnstrecken üblich, verschweißte man die Schienen abschnittsweise. So präsentierte sich unsere Bahn nun als bestunterhaltenste unter allen sächsischen Schmalspurbahnen.

Außerdem wurde die inzwischen technisch völlig überalterte Heberlein-Seilzugbremse durch die Saugluftbremse ersetzt. Hierzu war rechtzeitig die erzgebirgische Schmalspurbahn Wolkenstein - Jöhstadt geopfert worden, die dort eingesetzten saugluftgebremsten Rollwagen wurden in Mügeln benötigt. Auch von anderen sächsischen Schmalspurbahnen überführte man alle entbehrlich scheinenden derartigen Fahrzeuge auf unsere Strecke, was selbstverständlich kaum das Wohlwollen der »enteigneten« Eisenbahner hervorrief.

1984 wurde zeitgleich mit dem 1000jährigen Bestehen der Stadt Mügeln der 100. Geburtstag ihres Bahnhofs gefeiert. Erstmals seit vielen Jahren verkehrten eine Woche lang Personensonderzüge mit unzähligen Fahrgästen auf dem nun sanierten Schienenstrang. An den Lokomotiven war zu lesen, wie sich die Eisenbahner auf den 35. Jahrestag der DDR vorbereiten, und in allen Veröffentlichungen prophezeite man (nicht nur der Bahn!) euphorisch einen Fortbestand über mindestens weitere hundert Jahre.

Auf der Mügelner Schiene rollte es wirklich so gut wie in keinem Jahrzehnt zuvor, und täglich konnte man die langen Güterzüge mit bis zu elf aufgebockten Regelspurwagen und dem Packwagen hinter der winzigen Lok über die Strecke rollen sehen.

Jeden Tag waren vier bis fünf Lokomotiven angeheizt, um die acht bis zehn Zugpaare zu befördern sowie die Mügelner und Kemmlitzer Anschlußbahnen zu bedienen. Oschatz - Mügeln - Kemmlitz war diejenige Schmalspurstrecke der Deutschen Reichsbahn, die mit Abstand die wenigsten Zuschüsse beanspruchte.

Und so geht's: Rollwagen in die Grube schieben, ...

Bei den Eisenbahnfreunden gehörten die beiden planmäßig verkehrenden Züge mit Vorspannlok zu den beliebtesten Fotomotiven. Diese betriebliche Besonderheit war notwendig, da eigens für das Auf- und Abbocken der bis zu siebzig Regelspurwagen täglich eine Rangierlokomotive vorgehalten werden mußte, die morgens mit dem ersten Zug nach Oschatz kam und abends wieder nach Mügeln überführt wurde. Außerdem hatte sie allen über 190 Tonnen schweren

Regelspurwagen aufrollen, ...

verkeilen, ...

Zügen ab dem Oschatzer Einfahrtssignal Vorspannhilfe über die recht steile Bahnhofseinfahrt zu leisten. Die kleinen Lokomotiven wurden gefordert wie nie zuvor und vollbrachten Höchstleistungen an der Grenze ihrer Belastbarkeit. Doch an deren Ablösung war bereits gedacht. Für die Jahre ab 1990 waren noch einige größere Brückenbauarbeiten (unter anderem sollte 1996 die große Oschatzer Döllnitzbrücke verkürzt und komplett neuaufgebaut werden) sowie

festzurren, fertig!

Maßnahmen zur Begradigung von engen Kurven geplant, denn alles lief darauf hinaus, schwere und leistungsfähigere Einheitslokomotiven einzusetzen. Auch das wäre nicht ohne Stillegung anderer Strecken möglich gewesen. Bei der Suche nach einem Opfer schien rechtzeitig die Erweiterung des Braunkohle-Tagebaus bei Olbersdorf im Zittauer Gebirge zu Hilfe zu kommen. Das dortige Schmalspurnetz sollte kurzerhand stillgelegt und abgebaut werden, obwohl es einige Jahre zuvor noch den Status einer erhaltenswerten Museums- und Touristenbahn erhalten hatte, und die dort verkehrenden Lokomotiven sollten nach Mügeln überführt werden.

Doch inzwischen kam der November 1989, und aus diesem und so manchem anderen Plan wurde nichts mehr... In Zittau feierte man mit einem rauschenden Bahnhofsfest die »Wiederauferstehung«, und mit der politischen »Wende« in der DDR wendete sich auch für die Mügelner Schmalspurbahn so manches - allerdings nicht (wie es beeindruckende Reden von blühenden Landschaften dem gemeinen Wähler glaubhaft machen wollten) zum besten.

Buchstäblich mit jedem Tag wurden die Züge kürzer, es gab nichts mehr zu befördern; und man konnte Lokomotiven auf der Strecke beobachten, die weiter nichts taten, als den Zugführer im Packwagen spazieren zu fahren. Die Anzahl der Zugpaare wurde bis auf zwei reduziert, der Verkehr am Wochenende entfiel, und zum ersten Mal seit über einhundert Jahren herrschte sonnabends und sonntags beklemmende Ruhe auf dem Mügelner Bahnhof.

Die »neuen Manager« der Reichsbahn hatten sich mittlerweile »gewendet« und kein Interesse mehr an der Schmalspurbahn, die letzten treuen Kunden wurden gedrängt, sich nach einem anderen Transportträger umzutun. So schrieb man am 25. Januar 1993 klagend aus dem Oschatzer Landratsamt an den damaligen Bundesverkehrsminister Krause: *»Der größte Kunde, das besagte Kaolinwerk, wurde bereits mehrfach genötigt, die Strecke zu verlassen, den Transport* *über die Straße abzuwickeln und einen Umschlagpunkt an der Hauptbahn aufzubauen. Der Druck auf das Kaolinwerk wurde einerseits durch die Drohung mit Preiserhöhungen ausgeübt, andererseits wird aber durch die Deutsche Reichsbahn die vom Kaolinwerk gewünschte Waggonsorte nicht so bereitgestellt, wie es für die Verladung notwendig wäre.«*

Monatlich wurden neue Einstellungstermine gehandelt, und schließlich, am 17. Dezember 1993, war es soweit. Zwei Lokomotiven zogen den letzten langen Güterzug nach Oschatz, an der Vorspannlok waren die Kreideanschrift *»Deutsche Reichsbahn ADE«* und Fichtenzweige angebracht. Für die Mehrzahl der beteiligten Eisenbahner war es ein Abschied von ihrer Bahn und für einige das Ende ihres Berufslebens.

Gegen Mittag trafen die beiden Loks mit ihrem Packwagen unter lautem Dampfpfeifengeheul wieder in Mügeln ein, und der düstere Himmel weinte ein paar traurige Tropfen.

Wer dabei war, dem wird der alte Lokführer nicht entgangen sein, der die Fichtenzweige von der Lok riß und mit den Worten: »Ist ja wie Weihnachten, ja, ein schönes Weihnachten ist das für uns!« zu Boden warf. Er wird mit dem jungen Eisenbahner gefühlt haben, der wie versteinert auf die sich schließenden Lokschuppentore starrte. Vielleicht hat er auch die feindseligen Blicke der Eisenbahner in Richtung des anwesenden Reichsbahn-Abwicklers bemerkt, der sich vor einer Lokomotive für sein Fotoalbum ablichten ließ. Und in der Lokleitung schloß der diensthabende Eisenbahner mit den Worten: »So, das war'n die letzten Lokdienstzettel!« seine Akten...

Der Zufall wollte es, daß die Worte *»Deutsche Reichsbahn ADE«* noch eine weitere Bedeutung erlangen sollten, denn just an diesem 17. Dezember 1993 wurde durch den Bundesrat endgültig die Bildung der Deutschen Bahn AG zum 1. Januar des Folgejahres beschlossen. Es war somit gleichzeitig ein letzter Abschiedsgruß an die im Jahre 1923 gegründete traditionsreiche Reichsbahn.

GLEISE VERPFLICHTEN!

Die meisten Menschen wenden mehr Zeit und Kraft dafür auf, um die Dinge herumzureden, als sie anzupacken.

- Henry Ford -

Die alte Volksweisheit, wonach Totgeglaubte länger leben, sollte sich indes ein weiteres Mal als wahr erweisen. Wie es dazu kam, daß heute noch Lokomotiven mit ihren Zügen putzmunter zwischen Oschatz, Mügeln und Kemmlitz unterwegs sind, darüber soll der geneigte Leser jetzt etwas erfahren.

Im zeitigen Frühjahr des Jahres 1990 konnte man die ersten Stimmen vernehmen, die sich für den Erhalt des Wilden Robert aussprachen. Die Fahrgastinitiative Nahverkehr Neukölln (FINN) im damals noch existierenden Berliner Schienenverkehrsverband startete am 25. März ihr Engagement für die Bahn, und am 7. Juni fand ein erstes Treffen mit ortsansässigen Eisenbahnfreunden in der Oschatzer Bahnhofsgaststätte statt.

Zu diesem Zeitpunkt existierte bereits eine zwischen dem Bahnkundenverband PRO BAHN und der Generaldirektion der Deutschen Reichsbahn unterzeichnete Willenserklärung für das Patenschaftsprojekt »Pro Bahnhof«. Dieses Vorhaben zielte darauf ab, historische Bahnbauten zu erhalten. Dementsprechend sollte es Vereinen und Einzelpersonen unter konstruktiver Zusammenarbeit mit der Deutschen Reichsbahn ermöglicht werden, sich für erhaltenswerte Bahnbauwerke einzusetzen, etwa durch die Heranführung von Sponsoren. Ziel der Aktion war, in der damals noch existierenden DDR den Abriß und die Zweckentfremdung wertvollen Eisenbahnmaterials wie in den alten Bundesländern zu verhindern.

Die FINN war die erste Initiative, die mit ihrem Antrag vom 10. September 1990 eine ganze Strecke in dieses Projekt einbrachte! Ein weiterer Meilenstein für den Erhalt der Bahn war die Gründung des PRO BAHN-Landesverbandes Sachsen am 1. Dezember 1990, aus

dessen Reihen lebhaftes Engagement für den Wilden Robert kam und noch immer kommt.
Am 5. Februar 1991 ging die Patenschaft von der FINN auf den Landesverband Berlin von PRO BAHN über.
Es sollte jedoch noch bis zum 26. Juni 1991 dauern, bis es zur Einigung zwischen den Delegationen von Deutscher Reichsbahn und PRO BAHN über die Aufnahme des Wilden Robert in das Patenschaftsprojekt kam. Dies war dann tatsächlich eine Rettung in letzter Minute! Nicht viel länger, und die DR hätte die Strecke

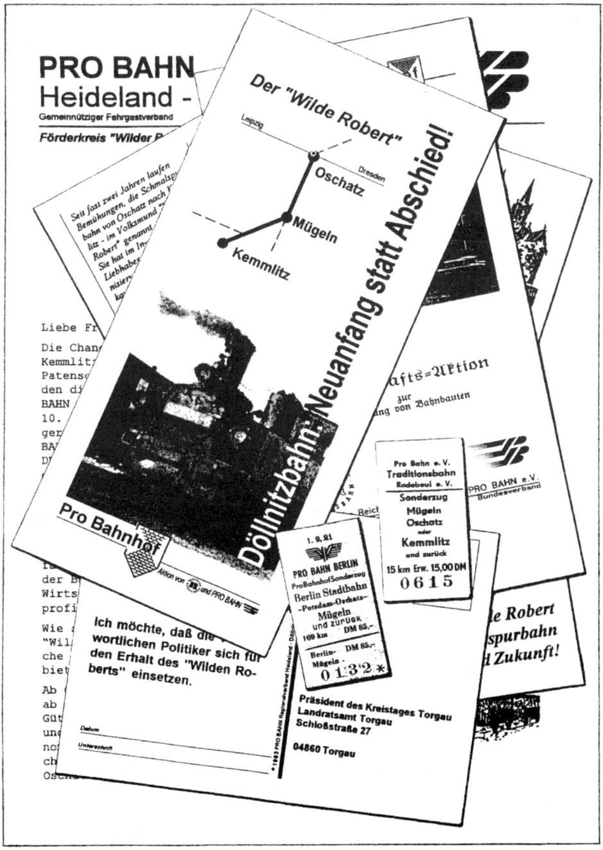

ohne zu zögern stillgelegt. Nun war der weitere Betrieb einstweilen gesichert.
Die Urkunde über die Patenschaft für die Strecke wurde schließlich am 1. September 1991 in einem feierlichen Akt von Herrn G. J. Curth, Vorsitzender des PRO BAHN-Landesverbandes Berlin und von K.-D. Martini, Hauptabteilungsleiter der Reichsbahndirektion Dresden, auf dem Oschatzer Bahnhof unterzeichnet. Aus Anlaß dieses Ereignisses fuhr ein Sonderzug nach Mügeln, wo die Bürgermeisterin in einer Rede die touristische Bedeutung der Bahn für ihre Stadt und den seit der Wende arg gebeutelten Landkreis unterstrich.
Mit dem erfolgreichen Abschluß des Patenschaftsvertrages war jedoch der Wilde Robert noch keineswegs gerettet. Im Gegenteil: Die Patenschaftsurkunde verhinderte lediglich die sofortige Stillegung, die Reichsbahndirektion arbeitete weiterhin an der kurz- bis mittelfristigen Einstellung der Strecke.
Es war somit klar, daß ein neuer Betreiber gesucht werden mußte. Dies ist auch im Zusammenhang mit der sich in dieser Zeit mehr und mehr konkretisierenden Bahnreform zu sehen; Strecken mit lediglich regionaler Bedeutung sollen bekanntlich in Zukunft von den Ländern, Kommunen oder gar von Privatunternehmen betrieben werden.
Am 25. November 1991 versammelten sich Vertreter der Anliegergemeinden, des Kreises Oschatz, der Güterverkehrskunden, verschiedener Vereine, der Deutschen Reichsbahn sowie PRO BAHN in Mügeln, um Perspektiven für die Zukunft der Strecke zu entwickeln. Die Zustimmung für den Erhalt war fast einhellig! Der Kreistag in Oschatz beschloß schließlich am 19. Juni 1992 die Aufnahme von Verhandlungen zur Übernahme des Wilden Robert in kommunale Regie.
Bahnkundenverband und der Landkreis Oschatz gründeten eine Vorbereitungsgesellschaft zur Führung dieser Verhandlungen mit der Deutschen Reichsbahn. Sowohl der PRO BAHN-Hauptverbandstag in

Halle als auch der Kreistag in Oschatz beschlossen am 27. Februar beziehungsweise 10. März 1993 einstimmig (!) die Gründung der *Döllnitzbahn Gesellschaft bürgerlichen Rechts*.

Außerdem erstellten PRO BAHN und der Landkreis ein Nutzungs- und Betriebskonzept für den zukünftigen Betrieb der Strecke. Besonders verdient gemacht haben sich in jener Phase neben dem Bahnkundenverband vor allem der Oschatzer Landrat und Namensvetter unseres »Wilden«, Herr Robert Schöpp, sowie sein Stellvertreter Olaf Mescheder.

Die Verhandlungen mit der Deutschen Reichsbahn begannen am 14. Oktober 1992 im Landratsamt Oschatz. Leider zeigte sich diese immer wieder als sehr unkooperativ. Von den Erpressungsversuchen gegenüber den Güterkunden war bereits die Rede. Auch die Organisation von Traditionsfahrten wurde in der ersten Phase der Bemühungen für den Erhalt der Bahn geradezu grotesk anmutenden bürokratischen Hürden unterworfen.

Im Verlaufe des Jahres 1993 lösten sich einige bereits vereinbarte Zusagen der Deutschen Reichsbahn plötzlich in Luft auf. So fiel etwa die schon vereinbarte Anschubfinanzierung ins Wasser, man hatte plötzlich herausgefunden, daß es solche für Güterbahnen nicht gibt. Dies hatte insbesondere für die Mügelner Eisenbahner höchst unangenehme Folgen: Angesichts der nunmehr viel knapperen Finanzmittel konnte nur ein kleiner Teil der Eisenbahner weiterbeschäftigt werden. Auch wurde die Liste der zu übernehmenden Fahrzeuge plötzlich wieder zur Disposition gestellt, historische Wagen und einige Lokomotiven wurden verkauft. In einer Nacht-und-Nebel-Aktion wurden Dienstgebäude leergeräumt, Einrichtungsgegenstände wanderten auf den Müll, obwohl sie noch sehr gut brauchbar waren.

Selbst auf dem Papier zog man wiederholt gegen den Wilden Robert zu Felde. Ohne Kenntnis der Sachlage wurde die Übernahme in kommunale Regie in einer Eisenbahn-Fach(!)zeitschrift bereits für gescheitert er-

klärt, andere Schreiberlinge verbreiteten hämische Artikel über den künftigen Betrieb der Strecke.
Zu erklären sind alle diese Dispute wohl mit der leider weit verbreiteten Unfähigkeit zur Erkenntnis, daß eine Schmalspurbahn durchaus ein zeitgemäßes Verkehrsmittel sein kann. Auf der Rhätischen Bahn in der Schweiz fahren auf schmaler Spur sogar Schnellzüge!
Auch bei einigen »Eisenbahnfreunden« hat sich in den letzten Jahren ein ausgeprägtes Konkurrenzdenken entwickelt. Jede stillzulegende Strecke wurde als potentielles Material- und Souvenir-Lager eingestuft. So tauchten eines Nachts in Mügeln dunkle Gestalten mit Lastwagen auf, um Exponate abzutransportieren.
Diese »Freunde« haben offensichtlich noch nicht erkannt, daß nur dann eine wirkungsvolle Lobby gegenüber den Ländern, der »großen Eisenbahn« oder gar dem Bund geschaffen werden kann, wenn die Akteure zusammenhalten und sich gegenseitig ihre Erfahrungen vermitteln. Jegliches Konkurrenzdenken unter Eisenbahnfreunden ist Gift für alle.
Doch zurück zum Verhandlungs-Marathon des Jahres 1993: Nachdem es zu den beschriebenen Streitigkeiten gekommen war, drängte der Vorstandsvorsitzende von DR und DB, Herr Dürr, auf eine zügige Klärung der noch zu regelnden Detailfragen.
Am 29. September 1993 stimmte der Kreistag in Oschatz einstimmig für die Gründung der *Döllnitzbahn GmbH*.
Im Vorfeld dieses Votums hatte der PRO BAHN-Regionalverband Heideland-Döllnitz eine Postkarten-Aktion gestartet. Mit den vorbereiteten Karten wurden die Präsidenten der Kreistage in Oschatz und Torgau aufgerufen, sich für den Erhalt des Wilden Robert einzusetzen.
Am 25. November 1993 wurde dann endlich der Vertrag zwischen der Deutschen Reichsbahn und der Döllnitzbahn im Fahrgastzentrum Berlin paraphiert.
Die Unterzeichnung erfolgte wenige Tage später - am 17. Dezember - in der Reichsbahndirektion Dresden

durch die Herren Lücking, Präsident der zuständigen RBD Dresden, und Curth, Geschäftsführer der Döllnitzbahn GmbH i.G. Die Referatsleiterin Eisenbahn im Sächsischen Staatsministerium für Wirtschaft und Arbeit, Frau Dr. Wunderlich, überreichte die *»Zulassungsurkunde für eine nichtbundeseigene Eisenbahn«*.

Noch am gleichen Tage stellte die Deutsche Reichsbahn den Betrieb auf der Strecke ein. Der neue Betriebsführer, vor seinem Tisch mit einem Berg Weichenschlüssel sitzend - immerhin: die hatte man ihm ausgehändigt! -, mußte nun den Sprung ins kalte Wasser wagen. Bekanntlich hilft hiergegen nur energisches Schwimmen...

Kurz vor der Übernahme bangten alle über diesen Neubeginn. Nur zu gut ist den Teilnehmern an einer im November 1993 bei dichtem Schneetreiben und eisigen Temperaturen durchgeführten Sonderfahrt die allgemein bedrückte Stimmung in Erinnerung.

Allen Widrigkeiten zum Trotz: Am 21. Dezember 1993 konnte man den ersten Zug der Döllnitzbahn - eine Diesellok mit Kaolin-Kippfahrzeugen - nach Oschatz rollen sehen.

Die offizielle Inbetriebnahme erfolgte - gewissermaßen nachträglich - am 4. Februar 1994. Genau wie bei Eröffnung der Strecke vor über einhundert Jahren fuhr ein Sonderzug mit geladenen Ehrengästen, diesmal gehörten sie verschiedenen Ministerien, lokalen Institutionen und PRO BAHN an. Sowohl in Oschatz als auch in Mügeln fanden Festakte statt, und den Gästen wurde ein Eindruck vom vielseitigen Betriebsgeschehen vermittelt.

Auf eine besondere Ausschmückung des Zuges war bewußt verzichtet worden, lediglich an der Lokomotive waren die mahnenden Worte *»Gleise verpflichten!«* angebracht, und im Oschatzer Bahnhofsgelände wurde eine Tafel mit der Aufschrift enthüllt:

»Döllnitzbahn - Erste nichtbundeseigene Eisenbahn in Sachsen«.

WILDER ROBERT: TRADITION MIT ZUKUNFT

Alles Alte, soweit es Anspruch darauf hat,
sollten wir lieben, aber für das Neue
sollten wir recht eigentlich leben.

- Theodor Fontane -

Wie wird nun der Betrieb auf der Strecke seit der Betriebsübernahme geführt? Der Wilde Robert bestand knapp 110 Jahre als Staatsbahn, jetzt wird er durch eine GmbH betrieben, die Döllnitzbahn GmbH (DBG). Gesellschafter ist die Deutsche Regionalbahn in Berlin, die wiederum dem Bahnkundenverband PRO BAHN gehört. Per 1. Juli 1995 hat der »Zweckverband Döllnitzbahn«, zu dem Landkreis und Anliegergemeinden gehören, 74,9 Prozent der Anteile an dieser GmbH übernommen.

Die Döllnitzbahn beschäftigt derzeit sieben Betriebseisenbahner, denen man größte Hochachtung zollen muß. Waren sie früher in einem speziellen Beruf - die meisten als Dampflokführer - tätig, so hatten sie sich nun neben ihrem Dienst weiterzuqualifizieren, denn sie müssen universell einsetzbar sein, sei es als Dampf- oder Diesellokführer, als Heizer, Zugführer oder Rangierer. Auch die körperlich schwere Arbeit des Auf- und Abbockens regelspuriger Güterwagen im Oschatzer Bahnhof gehört dazu, die beileibe nichts mit Bimmelbahn-Romantik zu tun hat.

Wie bereits bemerkt, findet auf der Döllnitzbahn derzeit vor allem Güterverkehr statt. Die treuesten Kunden Kaolinwerke Kemmlitz und Brennstoffe Lässig in Mügeln sind geblieben; und so werden zwei der traditionsreichsten Güter der Strecke - Kaolin und Kohle - nach wie vor über die Schmalspurgleise befördert. Damit ist der Wilde Robert die letzte Schmalspurbahn Sachsens, die einen regelmäßigen Güterverkehr durchführt, wobei bemerkt werden muß, daß das Frachtaufkommen seit der Betriebs-

übernahme durch die Döllnitzbahn GmbH wieder angestiegen ist!
Außerdem ist die Döllnitzbahn - so traurig das klingen mag - inzwischen der fast einzige Güterverkehrskunde der Deutschen Bahn AG im Bahnhof Oschatz und somit einer der entscheidenden Gründe dafür, daß letzterer im Zuge des Ausbaus der Leipzig - Dresdner Eisenbahn nicht zum Haltepunkt degradiert wird.
Seit der Betriebsübernahme ist das Geschehen auf der Mügelner Schiene vielseitiger geworden. So kann man dreiachsige Diesellokomotiven beobachten, die mit modernisierten schmalspurigen Kippwagen Kaolin von Kemmlitz nach Oschatz befördern. Dort hat das Kaolinwerk 1993 eine neue Umladehalle errichtet, wo der Umschlag des Rohstoffs rationell vonstatten geht. Auf der Regelspurseite positioniert die elektrische Rangierlok der Kaolinwerke die Regelspurwagen unter die Schütteinrichtung, und auf dem Schmalspurgleis werden die Behälter der Kippwagen mittels Druckluft angehoben und durch Schwerkraft entladen.
Aber auch die altbekannten Dampfloks sind noch mit langen Rollwagenzügen zu sehen! Ein- bis zweimal in der Woche ist eine der drei noch vorhandenen Maschinen angeheizt und befördert Kohlezüge mit regelspurigen Selbstentladewagen nach Mügeln oder gedeckte und offene Zweiachser zur Kaolinverladung nach Kemmlitz und retour.
Der Einsatz der vorhandenen Dampflokomotiven für den tagtäglichen Verkehr wird jedoch keine Dauerlösung bleiben, dies wäre vor allem zu personal- und kostenintensiv.
Der Kreistag Oschatz hatte seinerzeit Fördermittel vorgesehen, die für den Kauf einer leistungsstarken Diesellok bestimmt waren. Dieser Zuschuß konnte jedoch nach einer rechtlich nicht unumstrittenen Ablehnung durch das Regierungspräsidium Leipzig im Frühjahr 1994 nicht gezahlt werden. Dennoch wird weiterhin an der Beschaffung von modernen Dieseltriebfahrzeugen gearbeitet.

Eine neue Situation ist außerdem mit der 1994 im Zuge der Kreisreform erfolgten Zusammenlegung der Landkreise Oschatz und Torgau entstanden. Während der frühere Oschatzer Kreistag stets einstimmig für den Wilden Robert votiert hatte, muß jetzt gegenüber den Torgauern verstärkt Überzeugungsarbeit geleistet werden. Das dürfte verständlich sein, die einst sächsische Residenzstadt Torgau wurde im Ergebnis des Wiener Kongresses 1815 an Preußen abgetreten (die Sachsen standen treu und brav zu Napoleon und damit wieder mal auf der Seite der Verlierer!), und in den vierzig Jahren DDR-Geschichte haben die beiden bis dato selbständigen Kreise gewissermaßen aneinander vorbeigelebt. Obwohl sich die neue Kreisstadt begründet »ursächsisch« gibt, fehlt bislang die rechte Bindung zu unserer »ursächsischen« Schmalspurbahn. Trotz aller Schwierigkeiten: Die Döllnitzbahn hat ihren Start unter neuer Regie zweifellos gut bestanden - allen pessimistischen Stimmen zum Trotz!

Neben dem regulären Güterverkehr ist die Wiederaufnahme des planmäßigen Personennahverkehrs auf der Döllnitzbahn im Gange. Bereits seit geraumer Zeit wird ein täglicher Verkehr mit modernen Schienenfahrzeugen zwischen Altmügeln (Busbahnhof) und Oschatz diskutiert. Die seinerzeit vom Bahnkundenverband und vom Landkreis Oschatz erarbeitete Betriebskonzeption sah hierzu sogar die Einstellung der parallel verlaufenden Buslinie vor.

Die Streckenführung ist für einen Personennahverkehr hervorragend geeignet, die Stationen liegen allesamt ortszentral und in Nähe der jetzigen Bushaltestellen oder - namentlich in Oschatz - sogar noch verkehrsgünstiger als diese. Auch entstanden bereits zum Fahrplanwechsel im Frühjahr 1995 neue und in Zentrumsnähe der Anliegerstätte und -gemeinden liegende Haltepunkte.

Angesichts der Schulstandorte an der Strecke, der Zubringerfunktion der Bahn zur Magistrale Leipzig - Dresden sowie der Erschließungsfunktion im Oschatzer Stadtgebiet erscheint ein regulärer Verkehr viel-

Neue Zeiten: Ein Kaolin-Zug an der Oschatzer Umladerampe

Familientreffen (oder Produktionsberatung?)

Winter am Südbahnhof

Wer viel schaffen will, muß früh aufstehen

Platz ist in der kleinsten Hütte

Die Bergtour nach Kemmlitz ist anstrengend

versprechend. Bei den durchgeführten Sonderfahrten erlebte man mitunter das Kuriosum, daß in Oschatz aus den Hauptbahnzügen aussteigende Reisende in Ermangelung eines anderen bequemen Verkehrsmittels den Dampfzug als reguläre Verbindung ins Oschatzer Stadtzentrum ansahen und auch nutzten! Ein Reisender war gar glücklich, trotz des höheren Fahrpreises mit dem Bummel-Museumszug ohne Umsteigen bis nach Nebitzschen fahren zu können - sicher eine Ausnahme in unserer auf Tempo bedachten Zeit.

Mit modernen Fahrzeugen können gegenüber den Dampfloks wesentlich höhere Geschwindigkeiten erzielt werden - technisch ist das wegen des sehr guten Schienenwegs durchaus realisierbar. Jüngst erfolgte Messungen zeigten, daß die gesetzlich erlaubten Toleranzen hinsichtlich Spurweite und Gleislage bei weitem unterschritten werden. Die Reisezeiten könnten daher nicht nur denen der gegenwärtigen Busverbindungen entsprechen, sondern diese teilweise noch unterbieten!

Das Urmodell eines Triebwagens, der auf anderen Schmalspurstrecken Sachsens sowie auf dem Meterspur-Netz der Harzbahnen zum Einsatz kommen soll, wurde Anfang 1995 anläßlich einer Pressekonferenz in Mügeln vorgestellt. Inzwischen sind die Konstruktionsarbeiten weiter vorangeschritten, und das Fahrzeug präsentiert sich nunmehr als weitestgehend ausgereifte, komfortable und moderne Alternative zum derzeitigen Busverkehr. Auch auf unserer Strekke könnte es bald verkehren, beispielsweise ist ein Stadtverkehr in Oschatz und Mügeln sowie deren Ortsteilen geplant.

Die Vorbereitungen laufen bereits auf Hochtouren: Im Mai 1995 hat die Döllnitzbahn beim Dresdner Wirtschaftsministerium eine Konzession für den öffentlichen Personenverkehr beantragt, und anläßlich des Mügelner Stadtfestes im Juni '95 wurde die Leistungsfähigkeit der Bahn getestet. Es fand ununterbrochener Drei-Zug-Betrieb statt, neben durchgehenden

Personenzügen zwischen Oschatz und Kemmlitz gab es in Mügeln einen S-Bahn-Verkehr: Ein Diesel-Wendezug fuhr im Stundentakt zwischen den Parkplätzen bei Schweta und Altmügeln. Seit 3. August 1995 rollt wieder der Schülerverkehr, inzwischen wurde die Personen-Wartehalle nebst Fahrkartenverkaufsstelle im Mügelner Empfangsgebäude reaktiviert und im Oschatzer Bahnhof ein Fahrkartenschalter eingerichtet. Auf dem Mügelner Bahnhof stehen noch einige Gleisbauarbeiten an, damit die Personenzüge wieder kundenfreundlich am Empfangsgebäude halten können; es war ja bereits zu lesen, daß man ihn bei der Rekonstruktion der Strecke ab 1980 für auschließliche Belange des Güterverkehrs umgebaut hatte.
Größtes Hindernis für die Einführung des Personennahverkehrs sind noch die zahlreichen ungesicherten Kreuzungen mit vielbefahrenen Straßen. Bekanntlich zeigt die Erfahrung, daß man einigen deutschen Autofahrern die Geistesleistung einer umsichtigen Fahrweise an unbeschrankten Bahnübergängen kaum zumuten kann. Doch auch hierfür bahnen sich bereits Lösungen in Gestalt automatischer Schrankenanlagen an.
Natürlich stößt die Wiederaufnahme des regulären Personenverkehrs nicht nur auf Zuspruch. Mancherlei böses Pamphlet geisterte in jüngster Zeit durch die Lokalpresse: Kann es denn sein, daß in Auto-Deutschland jemand allen Ernstes einen Personenverkehr mit der lebensgefährlichen Eisenbahn aufnehmen will? Man fühlt sich förmlich ins vorige Jahrhundert zurückversetzt, als sogar namhafte Mediziner über die gesundheitsschädigenden Wirkungen einer Eisenbahnreise debattierten. Wie hieß es doch gleich in zitiertem Gedicht? *»Die so manches mal ihren gift'gen Zahn daran gewetzt«*! Demgegenüber ist so manche Mutter glücklich, daß ihr jüngster Sproß wieder mit dem Zug in die Schule nach Oschatz fahren und einen Sitzplatz bekommen kann.
Obwohl die Döllnitzbahn nur als modernisiertes und zeitgemäßes Verkehrsmittel eine Zukunftschance hat,

soll selbstverständlich die Tradition nicht vergessen werden. Der touristische Sonderverkehr mit Dampfloks und historischem Wagenmaterial war vielmehr bereits im Betriebskonzept als »drittes Standbein« enthalten und soll natürlich weiterhin durchgeführt und sogar erweitert werden.

Die im ersten Betriebsjahr der Döllnitzbahn durchgeführten Fahrten spiegelten eine unterschiedliche Resonanz wider. Es gab die fast menschenleeren Züge und die, bei denen kaum ein Stehplatz mehr zu haben war. Seit Anfang 1995 werden die Traditionsfahrten häufiger und an jedem letzten Sonntag im Monat sowie an Feiertagen durchgeführt.

Man ist noch in der Probephase: Welche Angebote werden angenommen? Die Bahn verkehrte fast zwanzig Jahre nicht, und es haben sich inzwischen andere Gewohnheiten herausgebildet, wie sich beispielsweise zu Himmelfahrt 1994 zeigte, als man trotz Werbekampagne vergeblich auf (reise-) lustige Herren wartete. Vor allem Fahrten mit erweitertem Rahmenprogramm sind erfolgreich, wie etwa das Mügelner Bahnhofsfest oder die Nikolaus- und Osterfahrten für Familien mit Kindern.

Im Zusammenhang mit der touristischen Erschließung des südlichen Teils des Landkreises Torgau-Oschatz sind die bereits angedeuteten Ausbauprojekte zu sehen, die sich inzwischen mehr und mehr konkretisieren:

In absehbarer Zeit soll mit dem Wiederaufbau des Abschnitts Nebitzschen - Glossen begonnen werden, und für die fernere Zukunft bestehen Absichten, das Gleis bis Wermsdorf zu verlängern. Der alte Bahnkörper ist noch weitestgehend verfügbar, lediglich auf dem rund dreieinhalb Kilometer langen Abschnitt zwischen Mahlis und Wermsdorf stehen umfangreiche Bauarbeiten an, da die alte Trasse auf dem Grund des inzwischen angestauten Döllnitzsees verlief.

So interessant die Weiterführung der Schmalspurbahn bis nach Wermsdorf ist: Für dieses Projekt müssen noch viele Hürden genommen werden. Erfreulicherweise herrscht Einigkeit unter Anliegergemeinden und Döllnitzbahn über Sinn und Nutzen dieser Streckenerweiterung, wie eine am 15. Mai 1995 durchgeführte Veranstaltung im Wermsdorfer Alten Jagdschloß bewies. In Wermsdorf wurde bereits eine Stiftung für den Wiederaufbau gegründet, und der noch vorzustellende Mügelner Förderverein hat unter dem Motto *»Schwellen für den Wilden Robert«* eine Spendenaktion unter Eisenbahnfreunden gestartet, die sofort auf Zustimmung stieß.

Um ein Resümee dieses Abschnitts zu ziehen: Es hat sich gezeigt, daß die Herangehensweise richtig war. Von vornherein wurde nicht versucht, der Vielzahl an Museumsbahnen eine weitere hinzuzufügen - diese hätte angesichts der zu unterhaltenen 18 Kilometer Streckenlänge kaum eine Chance gehabt. Bliebe zu hoffen, daß es den Betreibern weiterhin gelingt, erfolgreich Tradition mit Zukunft, Nostalgie mit zeitgemäßem Betrieb zu verbinden!

Wer immer fleißig das »Sandmännchen« verfolgt hat, dem wird dieses Gefährt bekannt vorkommen: Das im Frühjahr 1995 vorgestellte Baumuster eines modernen Triebwagens.

DER MÜGELNER FÖRDERVEREIN

Es gibt keinen großen Geist ohne ein Gran Narrheit.

- Französisches Sprichwort -

Mit den sieben bei der Döllnitzbahn beschäftigten Betriebseisenbahnern ließe sich kein Tourismusverkehr mit historischen, dampflokbespannten Zügen durchführen, geschweige die hierzu notwendigen Fahrzeuge unterhalten. Dieses Anliegen war jedoch von Anbeginn in den Konzepten für den künftigen Betrieb des Wilden Robert vorgesehen.

Am 20. Januar 1994 trafen sich daher einige Eisenbahnfreunde zur Gründungsversammlung des PRO BAHN Regionalverbandes Oschatz; zu dessen Domizil wurde das ehemalige Bahnmeistereigebäude auf dem Mügelner Bahnhof. Im Laufe der Zeit sind weitere Freunde hinzugestoßen, so daß der Verein inzwischen auf über fünfzig Mitglieder angewachsen ist. Eigenartig ist dabei die Tatsache, daß sich darunter Freunde aus Leipzig, Dresden, Berlin und sogar der Schweiz sowie Frankreich befinden, aber nur zwei aus Mügeln. Die Schmalspurbahn scheint hier wohl doch etwas allzusehr Profanes und Alltägliches zu sein! Erfreulich ist dagegen, daß nahezu bei jeder durchgeführten Sonderfahrt ein-zwei neue Mitglieder hinzukommen.

Die Traditionspflege steht für den Verein im Vordergrund, und so hat er sich inzwischen den Beinamen »Wilder Robert« zugelegt. Für den Außenstehenden treten die Freunde vor allem bei den Sonderfahrten in Erscheinung. Vielfältigste Arbeiten fallen an: Die Absperrung der wichtigsten Bahnübergänge ist vorzunehmen, Fahrkarten sind zu verkaufen, Hunger und Durst der Fahrtteilnehmer wollen befriedigt werden; einige tun Dienst als Lokführer, Heizer oder Zugführer, Fahrdienstleiter oder Schrankenwärter. Dies alles völlig unentgeltlich - die Fahrpreise sähen

sonst sicher ganz anders aus! Mehr im verborgenen bleibt, daß diese Sonderfahrten vorbereitet werden müssen. Da wollen die Personenwagen gereinigt und die Loks auf Hochglanz poliert werden, einige Reparaturen an den Dampfloks und Wagen sind durchzuführen. Auch andere Arbeiten - wie das Renovieren der Mügelner Bahnhofs-Toiletten - sind zu erledigen und zeigen, daß man es hier nicht mit Fanatikern zu tun hat, die gern mit der Eisenbahn spielen.
Daneben führt der Verein Sonderfahrten in eigener Regie mit von der Döllnitzbahn gemieteten Fahrzeugen, aber größtenteils eigenem Personal durch. Erste Höhepunkte für die noch junge Mannschaft waren dabei die Organisation des 94er Mügelner Bahnhofsfestes und die Fahrten anläßlich des 110jährigen Bestehens der Strecke Oschatz - Mügeln im Januar 1995, die angesichts des erfreulichen, aber unerwarteten Besucherandranges fast schon in Streß ausarteten.
Auch der Traditions-Bereich auf dem Mügelner Bahnhofsgelände soll ausgeweitet werden. So hat der Verein vorgesehen, den großen Mügelner Güterschuppen nach dringend notwendigen Sanierungsarbeiten zu einem Museum auszubauen, das die Geschichte der sächsischen Schmalspurbahnen im allgemeinen und die des Mügelner Netzes im besonderen zum Gegenstand haben soll. Exponate dafür gibt es in den Privatsammlungen der Vereinsfreunde, einige Raritäten wurden bei den Aufräumungs- und Sicherungsarbeiten auf dem Mügelner Bahnhofsgelände entdeckt und bis auf weiteres sicher verwahrt. So fanden sich auf dem Schrottplatz noch Gegenstände aus der Zeit der Königlich-Sächsischen Staatseisenbahn!
Inzwischen hat die Restaurierung dieses Güterschuppens begonnen. Hervorragende Arbeit leistet hierbei die Leipziger Baufirma Wolfgang Gey, seit Jahren schon bekannt und erfahren bei der Rekonstruktion historischer Bausubstanz.
Viel Zeit nahm (und nimmt bestimmt auch noch in Zukunft) die Rettung historisch wertvoller Zeitzeugen der Eisenbahngeschichte in Anspruch, die im Zuge

des Ausbaus der Leipzig-Dresdner Eisenbahn der Deutschen Bahn AG im Wege stehen. So wurden buchstäblich in letzter Minute vor Abriß des Dornreichenbacher Empfangsgebäudes die alte Bahnhofsuhr abgebaut, Wartesaalbänke aus dem Gebäude getragen und andere Dinge vor dem Vernichtungswerk der Abrißbagger gerettet. Neben dem in sich zusammenfallenden Gebäude luden die Freunde das Gerettete auf PKW-Anhänger, um es nach Mügeln zu transportieren. Das geborgene Material soll schon bald den Mügelner Bahnhofsbereich ergänzen.
Eine ähnliche Aktion fand im Bahnhof Dahlen statt, dort wurde altes Holzpflaster geborgen, das zur Komplettierung des Mügelner Güterschuppens benötigt wird, da durch Nässeeinwirkung nur noch ein Teil von dessen Fußboden wiederverwendbar ist. In der Perspektive ist weiterhin geplant, den historischen Personenzug nebst einer Dampflokomotive bei der Döllnitzbahn zu erwerben und so den weiteren Erhalt dieser Fahrzeuge zu sichern.
Bei aller Freude über Erreichtes gibt's selbstverständlich auch Ärgerliches: Man glaubt kaum, wie viele Mitmenschen heutzutage an Kleptomanie leiden, besonders ausgeprägt ist diese Sucht bei so manchem sich als »Eisenbahn-Freund« fühlenden Souvenir-Jäger. Alles das, was nicht angeschweißt wurde, ist wert, abgeschraubt und im trauten Verlies des allerheiligsten Hobby-Kellers vor der Menschheit versteckt zu werden. Der verehrte Mitreisende möge sich daher bitte nicht wundern, daß er beispielsweise statt der stilgerechten Emaille-Schilder in den Toiletten der Wagen und auf dem Bahnhof nur Papierabzüge vorfindet, denn vor allem diese vor den Blicken allzu Neugieriger abgeschotteten Örtlichkeiten scheinen nicht nur der Befriedigung körperlicher Bedürfnisse zu dienen, sondern wegen ihrer Abgeschiedenheit dem Austoben genannter Suchterscheinungen besonders zweckdienlich zu sein!
Natürlich hat der Verein nebenbei viele administrative Aufgaben zu lösen, so muß der Schriftverkehr mit den

Medien und anderen Organisationen unterhalten werden. Eine aufwendige, aber gern geleistete Arbeit stellt nicht zuletzt das Verschicken von Fahrplänen und sonstigem Informationsmaterial an die vielen Freunde des Wilden Robert dar.

Und natürlich nimmt der Mügelner Verein aktiv am geplanten Wiederaufbau der Strecke nach Wermsdorf teil. Inzwischen hat sich übrigens eine Gruppe Strehlaer Eisenbahnfreunde zusammengefunden, die mit dem Mügelner Verein zusammenarbeitet. Ziel dieser rührigen Truppe ist der Wiederaufbau der ehemaligen Strehlaer Strecke. Obwohl es hierzu geteilte Meinungen gibt, könnte dies alle Tourismus-Aktivitäten komplettieren, wenn nicht sogar abrunden. Mit etwas Phantasie würde sich das so darstellen: Man reist von Dresden mit einem Schiff der größten Raddampferflotte der Welt nach Strehla, um hier auf den »Schienen-Dampfer« umzusteigen und nach Wermsdorf zu fahren. Motto: Eine Reise vom Dresdner Residenzschloß zum Wermsdorfer Jagdschloß. (Übrigens wurde eine solche Reise schon seinerzeit im alljährlich erscheinenden *»Reisebuch der Königlich Sächsischen Staatseisenbahn«* immer als besonders Erlebnis empfohlen!) Natürlich ist das alles noch Utopie, und vor allem die hierzu notwendige Infrastruktur bedarf noch erheblicher Verbesserungen. Aber: Ohne Spinnereien gäb's keine Bewegung in der Welt!

Bei der Fülle an beschriebenen Vorhaben und Aufgaben sind fünfzig Freunde selbstverständlich überfordert. Der Verein freut sich daher jederzeit über neue Mitstreiter (und auch -innen!), die am Vereinsleben teilhaben möchten. So mancher sehnt sich an seinem Computer-Arbeitsplatz nach Abwechslung, sammelt in der Freizeit »Kaiser-Willem-Bilder«, Nachttöpfe oder Gartenzwerge, in Mügeln kann man nostalgische Verklärtheit mit gemeinnütziger Tätigkeit zur Freude anderer verbinden, und noch dazu an frischer Luft!

VON »MAX UND MORITZ« BIS »RENATE«

Viele sind berufen, aber wenige sind auserwählt.

- Nach Matthäus 20,16 und 22,14 -

Unsere Strecke hat in den Jahren ihres Bestehens verschiedene Loktypen gesehen. Darunter waren größere oder kleinere Maschinen, erfolgreiche oder weniger berühmte. Das Licht der Welt erblickten sie - bis auf zwei Ausnahmen - in den Fertigungshallen der *»Sächsischen Maschinenfabrik Actien-Gesellschaft zu Chemnitz, vormals Richard Hartmann«.*

Diese Fabrik stellte neben Lokomotiven unter anderem Spinnereimaschinen her und war damals der Hauslieferant von Lokomotiven der Sächsischen Eisenbahnen. Fast alle auf den Strecken Sachsens eingesetzten Lokomotiven entstanden hier, und so hatten unsere kleinen Loks eine riesige Verwandtschaft, sogar die legendäre »Sachsenstolz« - zu ihrer Zeit die größte in Europa gebaute Schnellzug-Dampflokomotive - gehörte dazu.

Richard Hartmann stammte aus dem Elsaß, daher erinnern sächsische Lokomotiven eher an französische, sozusagen nach neuester Pariser Mode erbaute, denn an die im reinen Zweckbaustil gehaltenen preußischen. (Für letztere haben die Nicht-Preußen - allen voran natürlich die Bayern und die Sachsen - das wenig respektvolle Urteil ausgesprochener Häßlichkeit übrig.)

Interessant dürfte vielleicht sein, daß einer der beiden Söhne des alten Richard - Gustav Hartmann - im Jahre 1896 in Lugansk/Ukraine (eine Zeit lang Woroschilowgrad) ein Zweigwerk der Chemnitzer Fabrik gründete, das sich später zu einer der größten Lokomotivbauanstalten der Ex-UdSSR entwickelte. Da die Deutsche Reichsbahn ab der siebziger Jahre von dort Großdiesellokomotiven bezog, gehören auch diese Loks der DR-Baureihen 130 - 132 sowie die 120 (bei

den Eisenbahnern wegen ihrer klangvollen Aussprache »Taigatrommel« oder »Wumme« genannt) zur entfernten Verwandtschaft unserer kleinen Maschinen.
Während auf den Regelspurstrecken bis zur Jahrhundertwende fast ausschließlich Schlepptender-Lokomotiven zum Einsatz kamen, die auf den Endbahnhöfen jeweils in die entsprechende Fahrtrichtung gedreht werden mußten, gab's auf den sächsischen Schmalspurbahnen von jeher nur Tenderlokomotiven, die Vorräte werden also nicht in angekuppelten Schlepptendern mitgeführt, sondern befinden sich unmittelbar auf der Lokomotive. Die benötigte Kohle ist im »Rucksack« - dem Tender - hinter dem Führerhaus untergebracht, und die Wasservorräte befinden sich in den beiden Wasserkästen rechts und links des Kessels, in Sachsen »Zisternen« genannt.
Das hat natürlich Vor-, aber auch Nachteile: Eine solche Tenderlokomotive kann vor- wie rückwärts gleichgut und gleichschnell fahren, man konnte also Drehscheiben auf den Endbahnhöfen einsparen. Nachteilig ist, daß die Lokomotive während der Fahrt buchstäblich immer leichter wird, die Reibungsmasse und somit die Haftung der Räder auf den Schienen wird immer geringer, das heißt, die Zugkraft nimmt allmählich ab. Ähnliche Probleme gibt's bei Berg-und-Tal-Fahrten: Fährt die Lok beispielsweise vorwärts eine Steigung hinauf, so fließt das Wasser in den Zisternen nach hinten, die Räder vorn werden ent- und die hinten stärker belastet. Damit die Räder nun nicht durchdrehen und die Fuhre ins Schleudern gerät, hat der Lokführer kräftig zu streuen (kein Witz!), damit's keine Ausrutscher gibt, rudert er mittels einer langen Zugstange in den vorn links und rechts angebrachten Sandkästen und feiner Sand fällt auf die glatten Schienen unmittelbar vor die Räder.
Als die Schmalspurbahnen um Mügeln entstanden, wurde ein Beschaffungsplan für Lokomotiven aufgestellt, der je zwei Maschinen pro Streckenabschnitt vorsah, lediglich die Zweigbahn nach Neichen hatte deren drei erhalten.

Diese ersten Loks waren solche vom Typ IK (sächsisch: »Eense K«), es war der erste (römisch Eins!) Loktyp für die damals sogenannte »K«leinspur. Diese Maschinchen waren nur fünfeinhalb Meter kurz, besaßen drei Achsen und ein winziges Führerhaus, in dem selbst kleine Heizer Mühe hatten, den »Kohlelöffel« ausgiebig zu schwingen. Um so größer war dafür der Schornstein, der vorn auf der Rauchkammer thronte, gekrönt von einem mächtigen Funkenfängerkobel. Im Volksmund wurden sie »Dackel« oder »Moritz« genannt, einige unserer Ahnen schienen die Ähnlichkeit zum (ebenfalls oft kohlebeheizten!) Bügeleisen der Frau Mama entdeckt zu haben, so daß sie mitunter auch »Plättglocke« gerufen wurden.

Wegen ihres Achsstandes von nur 1,80 Metern waren die »Dackel« vor allem berühmt für Entgleisungen, was aber nicht weiter tragisch war, denn in weiser Voraussicht gehörten zwei Winden mit großer Handkurbel zur Grundausstattung dieser Lokomotiven. Da die Metallurgie noch nicht auf dem heutigen Stand der Entwicklung war, gab's recht häufig Achsbrüche - selbstverständlich immer mitten auf freier Strecke! Mit der Eisenbahn zu fahren war halt ein Abenteuer. Dennoch hielten diese Maschinchen viele Jahre tapfer durch, der letzte »Moritz« wurde erst 1927 durch eine modernere Lok abgelöst. Einer kam sogar noch zu Ehren als Werkslokomotive in der Schmiedeberger Eisengießerei im Erzgebirge und baute dort bis 1964 den Sozialismus mit auf! Zum Dank dafür haben ihn damals nicht sonderlich geschichtsbewußte Zeitgenossen im Kampf um die Planerfüllung verschrotten lassen.

Mit der Zeit waren diese kleinen Lokomotiven aber überfordert, den ständig länger und schwerer werdenden Zügen waren sie einfach nicht mehr gewachsen. Oft mußten zwei Loks vorgespannt werden, was bei der Staatsbahn nicht gerade Begeisterung hervorrief, war doch nun zwei Lokführern und zwei Heizern Lohn für die Beförderung eines Zuges zu zahlen, erstere waren übrigens seinerzeit die angesehensten

und gutbezahltesten Eisenbahner, der alte Slogan: *»Die Bahn und die Post, die feiern, wo's nischt kost'«* dürfte auf sie zuallerletzt zugetroffen haben.
Die findigen Rationalisatoren bauten deshalb aus zwei »Moritzen« den »Max und Moritz«, amtlich hieß er »IIK (neu) № 61a/b«. Zwei Lokomotiven wurden ihrer Führerhausrückwand entledigt und - Führerstand an Führerstand - miteinander gekuppelt. Die Staatsbahn hatte ihre Einsparung an Personal, letzteres aber auch mehr Streß: Der arme Heizer hatte zwei Kessel zu befeuern, der Lokführer zwei Maschinen zu bedienen und zwei Steuerungen umzulegen, nur die Hebel für den Dampfregler waren miteinander verbunden. Man stelle sich die Not eines Autofahrers vor, in dessen Wagen zwei Motoren wummern, jeder mit eigenem Getriebe und eigener Gangschaltung! Anfang der zwanziger Jahre war diese Doppellok in Wermsdorf beheimatet, und von dort kam »Max und Moritz« auf der Strecke bis nach Oschatz zum Einsatz.
Daneben experimentierte die Staatsbahn mit Stütztenderlokomotiven. Ab 1889 entstanden sechs Exemplare der als IIIK bezeichneten Maschinen bei Krauss in München und bei Hartmann in Chemnitz. Sie hatten ein Triebwerk nach dem System Klose erhalten, über ein kompliziertes Gestänge stellten sich die

»Max und Moritz«

Achsen beim Befahren von Kurven immer radial ein, und selbst die Kuppelstangen waren in ihrer Länge veränderlich. Eine Zeitlang befuhren zwei dieser Loks vor allem die Strecke nach Strehla.

Sie entsprachen weitestgehend den Maschinen, welche Krauss für die kurvenreiche k. u. k. Bosnabahn geliefert hatte. Auffälligste Unterschiede zu letzteren waren das veränderte Führerhaus und die abweichenden Kesselaufbauten, die man dem sächsischen Geschmacksempfinden angepaßt hatte. Auch die für unsere sächsischen Schmalspurloks ungewöhnlich großen Treibräder von fast einem Meter Durchmesser rührten daher, daß die bosnischen Lokomotiven mit einer Höchstgeschwindigkeit von 45 km/h verkehren durften.

Ergriffen betrachteten damals Eisenbahner und Fahrgäste die beeindruckenden, weit ausholenden Bewegungen des Doppelparallelogramms der Stangen während der Fahrt, die sofort - auch wegen des ständig klappernden Geräusches - an seinerzeit hochmoderne Technik auf den Feldern erinnerten. So erhielten sie ihren Namen: »Heuwender«!

Zu Begeisterungsstürmen ließ sich dennoch keiner hinreißen, so richtig traute man diesen Meisterwerken

Der »Heuwender« Nr. 36 fuhr einige Jahre zwischen Oschatz und Strehla.

Newtonscher Mechanik dann doch nicht, allzu ausländisch sahen sie aus, und vor allem die »hunderttausend« zu schmierenden Lager mit nicht unerheblichem Verschleiß waren Grund, von einer weiteren Beschaffung solcher Vehikel abzusehen.
War die Geschichte des Lokomotiveinsatzes auf den sächsischen Schmalspurbahnen ein einziges Laboratorium - mit allerlei aufwendigen Kunstgriffen wurde ständig versucht, leistungsfähige Loks kurventauglich

Was wären Lokomotiven ohne ihr Personal?

zu machen -, so war die nun folgende Entwicklung auch ein gewagtes Experiment: Eine Dampflokomotive mit zwei Drehgestellen - die »Viere K«!

Die Fachwelt äußerte sich begeistert: *»Auf ... den schmalspurigen Linien der königlichen Sächsischen Staatsbahnen wurden in der letzten Zeit Compound-Locomotiven eingeführt, welche sich durch eine grosse Curvenbeweglichkeit und geringen Kohlen-Consum auszeichnen. Insbesondere macht die Möglichkeit, das Maschinengewicht auf eine grössere Anzahl gekuppelter Achsen zu vertheilen, diese Locomotiven zu einer vorzüglichen Acquisition für die schmale Spurweite.«*

Insgesamt 96 Lokomotiven der Gattung IVK erblickten in den Jahren von 1892 bis 1921 bei Hartmann das Licht der Welt. Das ist eine ungewöhnlich stattliche Anzahl, keine in Deutschland je konstruierte Schmalspurlok wurde so oft und so lange gebaut; selbst einige berühmte deutsche Regelspur-Dampflokomotiven haben es nicht auf einen so hohen Bestand gebracht. Grund hierfür war, daß sie eine für Sachsen ideale Maschine darstellte: Sie war einerseits leistungsstark genug, um schwere Züge über die Steigungen des Erzgebirges zu schleppen, andererseits lief sie hervorragend durch die zahlreichen Kurven.

Dies alles ermöglichte ihre eigenwillige Konstruktion mit zwei beweglichen Drehgestellen zu jeweils zwei Achsen mit beiderseits je zwei Dampfzylindern, übrigens ein weiterentwickeltes Patent eines gewissen Herrn Meyer aus dem Elsaß. Dieser hatte die Idee des Schweizer Ingenieurs Günther gekupfert, der für den berühmten Wettbewerb auf der Semmering-Bahn bereits eine Lokomotive mit zwei Drehgestellen baute.

Die Besonderheit ihrer Konstruktion machte sie zur bekanntesten sächsischen Lok-Type, obwohl sie mit ihren genau neun Metern Länge eine der kleinsten Baureihen ist, die die Chemnitzer Fabrik verließen. Nirgendwo in der Welt wurde dieses Günther-Meyersche Antriebssystem so erfolgreich angewandt wie bei unseren IVK-Loks. Sicher hat bei ihrer Geburt auch niemand geahnt, daß einige dieser Maschinen ihrer Herren Väter Lok-Konstrukteure und -Bauer um viele Jahrzehnte überleben sollten!

Fast alle der 96 gebauten Lokomotiven wohnten in ihrem Leben irgendwann einmal im Mügelner Lokschuppen, sie blieben hier heimisch, obwohl mit den Jahren weitere und viel stärkere Loktypen entwickelt und auf den sächsischen Schmalspurbahnen eingesetzt wurden.

Einige haben die Zeiten überstanden, in Verkehrsmuseen ganz Deutschlands sind sie zu bewundern, stehen mit ihren kurzen Zügen auf Denkmalssockeln oder fahren auf Museumseisenbahnen, aber drei von ihnen sind heute noch auf der Döllnitzbahn zu Hause! Eine davon ist »Renate«, die 991574. Ihr Stammlokführer, der heute noch bei der Döllnitzbahn Dienst tut, hat sie in Anlehnung an sein angetrautes teures Eheweib so getauft. (Meiner Lok, der werd' ich treu sein, im Gegensatz zu meiner Frau...). Ohne seine und die vielen fleißigen Hände anderer Eisenbahner wäre es nicht möglich gewesen, daß »Renate« und die anderen verbliebenen IVK-Dampflokomotiven bald ihrem neunzigsten Geburtstag entgegensehen. Viele der einstigen Lokführer und Heizer sind nicht mehr am Leben, aber ihre liebsten Kinder dampfen noch heute fröhlich durch die Lande. Mancher hat sich damit ein Denkmal weit über seinen Tod hinaus geschaffen. Nicht unerheblichen Anteil daran haben natürlich auch die Arbeiter in den Ausbesserungswerkstätten.

Bei den Lokomotiven ist es wie bei den Menschen: Jede hat ihren eigenen Charakter, die eine steht gern im Mittelpunkt des allgemeinen Interesses, die andere tut still und bescheiden ihre Pflicht. Aber gearbeitet haben sie alle, und das nicht zu knapp! Betrachten wir daher die Schicksale der »Drei Mügelner Schwestern« etwas ausführlicher!

KEINE FEIER OHNE GÜNTHER-MEYER!

Tages Arbeit, abends Gäste!
Saure Wochen, frohe Feste!

- Johann Wolfgang von Goethe -

Die älteste und vielleicht bekannteste Lokomotive im Trio der Mügelner Günther-Meyer-Loks ist die 991561, deshalb wollen wir zunächst etwas aus ihrem Lebenslauf erfahren.

Das Licht der Welt erblickte sie - wie alle ihre Schwestern - in Chemnitz; ihr Geburtstag (sprich: Auslieferungstermin) war der 26. November 1909, für stolze 40 936 Reichsmark wurde sie damals von der Königlich-Sächsischen Staatseisenbahn gekauft.

Wie alle alten Ländereisenbahnen hatten auch die Sachsen eine Vorliebe für eine gewisse Farbenpracht, und so war unsere Lok zunächst grün lackiert, die Rauchkammer und der Schornstein waren schwarz, das Fahrwerk rot, die Zisternen, das Führerhaus, die Fenster und die Dampfzylinder waren mit einem schwarzen Streifen eingefaßt, dieser wiederum mit einem schmaleren roten abgesetzt; vorn und hinten glänzten blankgeputzte Petroleumlaternen.

Damit jeder ja gleich wußte, wem dieses Prachtexemplar gehört, waren an beiden Seiten des Führerhauses große Schilder angebracht, auf denen man in glänzenden Buchstaben lesen konnte: *»K. Sächs. Sts. E. B.«*. An den Zisternen war die aus Bronze-Guß angefertigte Betriebsnummer befestigt; unsere Lok trug die Nummer 151.

So herausgeputzt befuhr sie zunächst die Strecken um Wilsdruff zwischen Meißen, Nossen und Potschappel, bis sie schließlich 1920 ins Mügelner Schmalspurnetz nach Großbauchlitz bei Döbeln kam und lange Rübenzüge in die Zuckerfabrik schob.

1923, als die Deutsche Reichsbahn gegründet wurde, erhielt sie ihr heutiges schwarz-rotes Farbkleid und

die in Messing gegossene Betriebsnummer 99561, bei dieser Nummer war es die »99«, die auf eine Schmalspurlok hinwies.
Lange Zeit befuhr sie die Strecken um Mügeln, wohnte beispielsweise in den dreißiger Jahren im Wermsdorfer Lokschuppen unter Kastanienbäumen, von wo sie in aller Herrgottsfrühe die Reise nach Neichen an die Mulde antrat und mit ihrem Pfiff die Bauern zum Beginn des Tagwerks mahnte.
Viele Jahre später - 1967 - wurde sie im Reichsbahnausbesserungswerk in Görlitz generalüberholt, bekam einen neuen Kessel, neuen Rahmen und viele weitere Verbesserungen. Dann rollte sie vor allem auf den Strecken um Lommatzsch, bis sie 1970 auswanderte, um auf Gleisen des Erzgebirges Dienst zu tun. So befuhr sie einige Zeit die älteste und längste Schmalspurbahn Sachsens von Wilkau-Haßlau bei Zwickau hinauf ins Vogtland. Doch ihre neue Heimatstrecke wurde immer kürzer, und am 2. Juni 1973 zog sie den festlich geschmückten Abschiedspersonenzug nach Kirchberg.
Danach war sie in Schönheide zu Hause, wo sie dicke Baumstämme über hohe Brücken und durch dichte Fichtenwälder in die Stützengrüner Bürstenfabrik schleppte.
Später fuhren mit ihr viele Wintersportler nach Jöhstadt und auf der Rücktour Niederschmiedeberger Kühlschränke nach Wolkenstein. Auch auf dieser Strecke beförderte sie 1984 den letzten Personenzug. Sie ließ es sich nicht nehmen, beim großen Bahnhofsfest in Freiberg dabei zu sein und war mit Sonderzügen im wildromantischen Rabenauer Grund auf der Fahrt nach dem Kurort Kipsdorf ins Osterzgebirge unterwegs.
Selbstverständlich hat sie den höchstgelegenen Bahnhof Sachsens - Oberwiesenthal - mit dem Fichtelberg gesehen, dorthin zog sie von Cranzahl aus den Jubiläumssonderzug anläßlich des 75jährigen Bestehens dieser Bahn. Und schließlich beförderte sie einige Zeit lang stolz Traditionszüge, aber auch reguläre

Personenzüge auf der Radebeuler Schmalspurbahn vor den Toren der Landeshauptstadt Dresden.
Nach diesen Wanderjahren kehrte sie 1992 nach Mügeln zurück. Am 17. Dezember 1993 war hier erneut ein Abschiedszug zu befördern, diesmal war es der letzte Güterzug unter Regie der Deutschen Reichsbahn nach Oschatz.
Knapp zwei Monate später war sie dann vor dem Eröffnungssonderzug der Döllnitzbahn zu sehen, in dem die geladenen Ehrengäste zu den Feierlichkeiten anläßlich der offiziellen Betriebsaufnahme nach Mügeln reisten.
Weitere besondere Tage in ihrem Leben waren der 7. Januar 1995, als sie - mit einer goldenen »110« geschmückt - den total überfüllten Sonderzug anläßlich des Jubiläums der Strecke Oschatz - Mügeln beförderte, und der 3. August 1995, an dem sie den ersten Schülerzug nach Oschatz zog.
Wohl kaum eine andere Lokomotive hat so viele Abschieds- und Jubiläumszüge befördert, Tränen aller Couleur hervorgerufen. Kein Wunder, daß sie auf vielen hundert Metern Film mehr abgelichtet wurde, als sie selbst Lenze zählt!

DIE TREUE SEELE

Eigener Fleiß macht den Schornstein rauchen.

- Deutsche Volksweisheit -

Die zweite der drei Schwestern ist die heutige 991574, die am 23. April 1912 fabrikneu als sächsische IVK № 164 ihren Dienst auf dem Mügelner Schmalspurnetz antrat. Sie fuhr fast ohne Unterbrechungen auf unseren Strecken, hat hier den ersten und den zweiten Weltkrieg, die Zeit der Wirtschaftskrise, aber auch den Wiederaufbau der Wirtschaft und schließlich die »Wende« in der ehemaligen DDR erlebt.

Die vielfältigsten Arbeiten waren in all den Jahren zu erledigen: Zuckerrüben mußten nach Oschatz oder Döbeln und tausende Tonnen Kohle in die Mügelner Ofenbude gekarrt werden, vom Strehlaer Elbkai grüßte sie die vorüberziehenden Raddampfer, und auf der Fahrt von Kemmlitz zog (oder besser bremste!) sie schwere Kaolinzüge. Meist beförderte sie einen GmP, hinter den Güterwaggons waren noch einige Personenwagen angehängt, mit denen sie Reisende in die weite Welt oder in ihre Heimatdörfer brachte. Wieviele Szenen des Abschieds und des Wiedersehens mag sie an den Bahnsteigen erlebt haben?

Mancher hat sie sicher verflucht, nahm sie doch Frauen und Kindern die Ehemänner, Väter und Großväter, die mit ihr den weiten Weg an die Front antraten und nicht wiederkehrten. Doch auch an ihr selbst ging das glorreiche »Tausendjährige Reich« nicht spurlos vorrüber. Es begann damit, daß die Messing-Nummernschilder abgeschraubt wurden, denn das war »kriegswichtiger« Rohstoff; dafür bekam sie einfache Blechtafeln verpaßt und - wohl um den Verlust auszugleichen - beiderseits den »Pleitegeier« angeheftet.

Bald kam die Zeit, wo ihre Lampen abgeblendet wurden; nicht unbegründet, im April 1945 erlebte ein Personenzug in Glossen einen Tieffliegerangriff. Als schon keiner mehr an »den Sieg« glaubte, wurde an die Zisternen angeschrieben, daß ihre Räder dennoch nur dafür zu rollen hätten. Nicht lange, denn bald schon verschwand dies wieder, dafür konnte man nun lesen, wofür man beim Volksentscheid in Sachsen zu stimmen habe.

Im Krieg verlor sie viele Verwandte, acht ihrer Schwestern sind aus dem »Osteinsatz« nicht zurückgekehrt, eine wurde in Dresden zerbombt, und neun weitere mußten als Reparationsleistung für immer die Heimat verlassen.

Nun brach die allerschwerste Zeit ihres Lebens an. Genauso wie ihr Lokführer von der Kohlsuppe nicht satt wurde, kam sie bei den schlechten Brennstoffen kaum zu Kräften. Lange, überfüllte Flüchtlingszüge waren damals aufs Land zu befördern, pro Dorf ein Wagen, so lautete die Vorgabe.

Doch bald besserten sich die Zeiten, ab 1951 nannte sich ihr Haus stolz Bahnbetriebswerk, und so wurde

»Renate« hat Güterzugdienst

es dann angeschrieben: »Bw Mügeln«; außerdem erhielt sie 1964 in Görlitz eine Generalreparatur.
Obwohl »Renate« auch nach dem Kriege nur selten und ungern ihre angestammte Lommatzsch-Mügelner Heimat verließ, unternahm sie zwei Reisen in entferntere Gefilde. Von Februar bis August 1951 half sie auf dem Werkbahnnetz des Mansfelder Kupferkombinats Schiefererze und Brennstoffe zu transportieren. Stolze dreitausend Kilometer legte sie dort monatlich zurück!
Die weiteste Fahrt unternahm sie im Winter 1955/56 auf das Netz der östlich von Magdeburg gelegenen Kleinbahnen des Kreises Jerichow I. Es war jedoch mehr eine Urlaubsreise, denn in den zwei Monaten ihres Aufenthalts war sie ganze 21 Tage im Einsatz, die dortigen Lokomotivführer konnten sich nicht so recht mit ihr anfreunden, so daß sie froh war, im folgenden Februar wieder in Mügeln zu sein.
Hier war »Renate« zu Hause, obwohl sie es nie leicht hatte, bis nach der »Wende« war sie selbst an Sonn- und Feiertagen unermüdlich mit schweren Güterzügen unterwegs. Dabei bekam sie zuzeiten der »entwickelten sozialistischen Gesellschaft« kaum richtiges Futter, anstelle der devisenbedürftigen Steinkohle wurde einheimische »Blumenerde höchster Güte« verfeuert; es waren also nicht immer nur die pyromanischen Leidenschaften ihrer Heizer, die dazu führten, daß sie die Gegend mit stinkig schwefelgelbem Rauch verpestete!
Trotz ihres arbeitsreichen Lebens kann sie sogar jetzt bei der Döllnitzbahn nicht an den wohlverdienten Ruhestand denken, denn trotz der Dieselloks kann man im Güterverkehr noch nicht auf sie verzichten; und so wird sie ein- bis zweimal wöchentlich angeheizt, verläßt ihren Lokschuppenstand und befördert Kohle und Kemmlitzer Kaolin für ihren neuen Arbeitgeber auf ihrer alten Heimatstrecke.
Im Mittelpunkt des allgemeinen Interesses stand sie Anfang Oktober 1994, als viele Besucher des Mügelner Bahnhofsfestes die Gelegenheit nutzten, auf ih-

rem Führerstand ein paar hundert Meter über das Bahnhofsgelände zu fahren; und am 6. Januar 1995 war sie sogar Fernsehstar: Der beliebte »Sachsenspiegel« des MDR-Fernsehens berichtete live aus Mügeln. Sie ist die letzte Lok, die noch ihre komplette altertümliche Heberlein-Seilzugbremse besitzt, doch man hat auch Großes mit ihr vor: Sie soll mit dem »letzten Schrei« - einer hochmodernen Druckluftbremse - ausgestattet werden, sie kann dann als Reservelok für die Diesellokomotiven dienen und Kaolin-Kipper oder die »Schülerzüge« nach Oschatz ziehen. Manchmal wird Treue eben belohnt!

EIN BEWEGTES LEBEN

Alt an Jahren hat viel erfahren.

- Deutsches Sprichwort -

Auch die am 30. Oktober 1912 ausgelieferte 991584 hat ein vielseitiges Leben hinter sich, das in vielem dem ihrer beiden Schwestern gleicht und doch ganz anders war.
Ihre Jugend kam einer regelrechten Sturm-und-Drang-Zeit gleich; vielleicht lag's daran, daß sie eine der ersten IVK mit einem erhöhten Kesseldruck von 15 atü und somit stärker als ihre älteren Schwestern war. Länger als zehn Jahre hielt sie es kaum auf einer Strecke aus, dann meldete sich das Reisefieber, sie wollte andere Bilder sehen, neue Gegenden und Menschen kennenlernen. Erst mit zunehmendem Alter kam die Einsicht, daß man eine Heimat braucht; und die fand sie schließlich in Mügeln.
Als junger Spund trat sie mit der Betriebsnummer 173 ihren Dienst im Wilsdruffer Schmalspurnetz im Lokbahnhof Mohorn an. Obwohl dieses Netz recht abwechslungsreich war - es gab da die lange Steigung von Potschappel nach Kesselsdorf, die Muldenbrücke bei Nossen und die romantische Strecke nach Meißen-Triebischtal -, hielt sie's nur bis 1920 dort aus.
Die Radebeul - Radeburger Strecke lockte! Hier kann man (heute noch!) mitten über den Dippelsdorfer Teich fahren, das Moritzburger Jagdschloß grüßen, sieht den Leuchtturm, den sich das sächsische Königshaus für seine »Hochseeflotte« am Schloßteich errichtete. Auch vermittelt die Gegend eine Ahnung von der großen weiten Welt, hier wurden schließlich Winnetou und der »Berliner« Pinselheinrich geboren!
Nach wiederum acht Dienstjahren meldete sich aber erneut die Reiselust. Es war die letzte Chance, die Müglitztalbahn kennenzulernen, die von Heidenau bei Dresden in ständiger Steigung und um den Geising-Berg herum ins 634 Meter höher gelegene Altenberg führte, denn sie wurde ab 1934 auf Regelspur

umgebaut. Längst verkehrten dort stärkere Loktypen, und so war es eine unwiederbringliche Gelegenheit, im Spätsommer 1928 einige Restarbeiten beim Wiederaufbau dieser nach einer Hochwasserkatastrophe stark zerstörten Strecke auszuführen.
Sicher ist es ihrer Eitelkeit zuzuschreiben, daß sie auf die Radebeuler Schiene zurückkehrte. Diese Bahnlinie wurde von den Dresdner Ausflüglern recht stark frequentiert, und so bestand Aussicht, zu einer Super-IVK hochgestylt zu werden. Als erste ihrer Familie erhielt sie eine elektrische Beleuchtung mit einem riesigen 85-Volt-Generator vor dem Schornstein, eine Saugluftbremse, eine automatische Scharfenberg-Kupplung und nicht zuletzt eine Dampfheizung für den Wagenzug. Keine andere IVK war damals mit all dem Luxus ausgestattet.
Natürlich stellte sich bald die Reue ein; der zuständige Einsatzleiter des Radeburger Lokbahnhofs klagte bei der Dresdner Direktion: *»Der Dampfverbrauch der 85 Volt Turbogeneratoren ist ... so hoch, daß besonders während der Heizperiode Störungen durch Wassermangel auftreten.«* Was sollt's, aus einem Hänfling macht man keinen Athleten, ihr kleiner Kessel konnte gar nicht genug Dampf für die vielen Zusatzaggregate liefern, und so fuhr sie schon bald wieder mit ihren kräftesparenden Petroleumlaternen einher.
Indes sollten wir aber nicht allzu ungerecht sein und sie als eitle Dame bezeichnen, die nicht zu harter Arbeit taugt. Daß sie letzteres konnte, bewies sie 1937/38 beim Bau der Reichsautobahn Berlin - Dresden, in ununterbrochenem Tag-und-Nacht-Einsatz mußten damals Materialien an die Baustelle bei Radeburg gefahren werden.
Die schweren Kriegsjahre verbrachte sie an der Stätte ihrer Kindheit im Wilsdruffer Netz und kam schließlich im Frühjahr 1946 ins Zuckerrüben-Paradies Lommatzsch-Mügeln - doch nicht für lange.
Um als echte IVK mitreden zu können, war längst ein Einsatz auf der ältesten Schmalspurbahn Sachsens

fällig. Es schien ihr dort sichtlich zu gefallen, denn von 1949 bis 1957 hielt sie's in Kirchberg aus.
Nach einem erneuten Kurzbesuch in Lommatzsch und Mügeln ging's wieder ins Erzgebirge auf die Strecke Mulda - Sayda, schließlich wollte man mal einen richtigen Gebirgswinter erleben.
Natürlich konnte ein solcher Lebenswandel auf Dauer nicht gutgehen, sie war ja nicht mehr die Jüngste und hatte inzwischen bereits fünfzig Jahre auf dem Bukkel. So kam, was kommen mußte - der schwärzeste Tag in ihrem Leben: Wieder nach Lommatzsch zurückgekehrt, stürzte sie am zweiten Weihnachtsfeiertag 1962 mitsamt ihrem Güterzug von der hohen Garsebacher Brücke in die Tiefe. Ihr Lok- und der Zugführer erlitten schwerste Verletzungen, der Heizer wurde tödlich verbrüht, ihr selbst war aber 1964 eine Wiederauferstehung als rekonstruierte Lokomotive vergönnt.
Nun, ein längerer Krankenhausaufenthalt macht nachdenklich, sie besann sich auf ihre liebe Verwandtschaft und die große Familie der Mügelner Schwestern. Still und zurückgezogen wohnte sie im romantischen Wermsdorfer Lokschuppen am Horstsee und hat hier sicher über vieles nachgedacht.

Fast zugewachsen: der Wermsdorfer Lokschuppen

Zugegeben, ihre Reiseleidenschaft konnte sie nie ganz lassen, so weilte sie kurz in Thum und Hetzdorf, kehrte aber bald wieder in ihr heimatliches Haus zurück.
Sicher hätte sie ihren Lebensabend gern dort verbracht, aber man hat sie vertrieben: Die Strecke wurde 1972 eingestellt und das Haus abgerissen. Also bezog sie einen Schuppenstand im großen Mügelner Heizhaus, dem sie bis heute treu blieb.
Daran konnte auch die Betriebsübergabe von der Deutschen Reichsbahn auf die Döllnitzbahn nichts ändern. Während die meisten Loks Mügeln verlassen und sich eine neue Heimat suchen mußten, ließ sie sich nicht noch einmal vertreiben: Sie zog nicht mit den anderen weg und verrichtet deshalb bis heute bescheiden und ohne großes Aufsehen ihren Dienst in und um Mügeln.

Von Wermsdorf ging's auf Tour nach Mügeln.

Wissenschaft von der Bimmel

Das Werk lobt seinen Meister.

- Nach Jesus Sirach 9,24 -

Was der Schmalspur-Reisende heutzutage als niedliche Begleiterscheinung einer Bimmelbahnfahrt ansieht, war ehedem eine geniale Erfindung: Das Dampfläutewerk. Wie an den Glocken unserer Lokomotiven heute noch zu lesen ist, erfand und baute diese geräuschvollen Instrumente ein Herr Robert Latowski in seiner Fabrik in Breslau. Dieses Läutewerk war bereits zitiertem Herrn k.u.k. Ingenieur Zezula sogar so wichtig, daß er ihm mehrere Seiten in seinem Hauptwerk über die Schmalspurbahnen Europas widmete. Da dies nicht nur für den technisch Interessierten wissenswert, sondern obendrein noch recht amüsant sein dürfte, seien hier einige Passagen aus diesem Buche angeführt:

»*Nach den für Eisenbahnen untergeordneter Bedeutung erlassenen Bestimmungen müssen Locomotiven der Nebenbahnen mit hell tönenden Läutewerken ausgerüstet und letztere bei Annäherung an unbewachte Wegübergänge bis nach deren Durchfahren, sowie auch in der Nähe öffentlicher Verkehrsstrassen in Thätigkeit gesetzt werden; dagegen ist der Gebrauch der Dampfpfeife nur auf die notwendigsten Fälle zu beschränken.*

Diese Bestimmungen basieren auf dem Umstande, dass das in der Nähe befindliche Zug- und Weidevieh den schrillen Ton der Dampfpfeife nicht verträgt, während bei Anwendung der Glocke selbst in der nächsten Nähe die Thiere nicht scheu werden. Anfangs waren theils Handglocken, theils von dem Gangwerke der Locomotiven angetriebene, schliesslich auch Dampfläutewerke verschiedenster Art in Verwendung. Seit 1882 hat jedoch das in den meisten Ländern patentierte Latowski'sche Läutewerk zufolge seiner grossen Vorzüge diese Signalapparate verdrängt und wurde seither nicht nur bei den deutschen

Bahnen untergeordneter Bedeutung, sondern vielfach selbst auf entlegensten Stellen des Erdballes, wie Sumatra, Java, Transwaal u.s.w. eingeführt...
Die Frage, ob das Latowski'sche Dampfläutewerk der Handglocke vorzuziehen sei, kann mit Rücksicht auf die, anlässlich der Betriebs-Berichte der Bahnverwaltungen seitens des Reichs-Eisenbahn-Amtes in Berlin wiederholt erfolgten rundschriftlichen Empfehlungen nur bejaht werden. In erster Linie ist es die Stärke und völlige Gleichmässigkeit der Ton- und Schallwirkung, sowie hauptsächlich auch die Mühelosigkeit der Handhabung, welche zu der grossen Verbreitung des Latowski'schen Läutewerkes beigetragen haben. Das Anlassen desselben erfordert nur einen einzigen Handgriff, so dass das Locomotiv-Personale seine Aufmerksamkeit ungetheilt der Sicherheit des Verkehrs zuwenden kann, ein Vortheil, welcher besonders bei Strassen- und solchen Nebenbahnen, welche mit belebten Ortschaften in Berührung kommen, nicht hoch genug veranschlagt werden kann.«
Zur Bekräftigung seiner Aussagen zitiert der Autor die Schlußfolgerung der vom 14. bis 15. Juli 1884 tagenden X. Versammlung der Techniker des Eisenbahn-Verbandes Deutschlands, wonach *»das Latowski'sche Dampfläutewerk ... zur allgemeinen Einführung empfohlen zu werden verdient«*. Und nach einigen Ausführungen darüber, wie groß das Läutewerk zu sein habe und wie zweckmäßig es bei den sächsischen Schmalspurlokomotiven angebracht sei, folgt eine Beschreibung seiner Funktionsweise, wobei die enge Verwandtschaft zum Kochtopf herausgestellt wird:
»Der Deckel des mit flüssigem Inhalte am Feuer stehenden Kochtopfes klappert. Es strömt bei jedesmaliger, durch die Spannung der Dämpfe verursachten Öffnung des Deckels mehr Dampf aus als in gleicher Zeit sich erzeugt. Die daraus folgende Druckentlastung lässt den Deckel wieder zufallen, bis die Spannung wieder wächst und den Deckel hebt u.s.f. in regelmässiger Folge, was bei dem vorliegenden Läutewerke in constructive Form gebracht ist.

In ein Gefäss von einem bestimmten Rauminhalt strömt durch eine kleine Öffnung u n u n t e r b r o c h e n Dampf ein, welcher durch eine grosse, durch ein Ventil geschlossene Öffnung, bei Aufgehen derselben schneller entweicht; die plötzliche Druckentlastung lässt die Klappe wieder zufallen u.s.f.
Mit der Ventilklappe ist der Hammer verbunden und hierdurch mit belastet.
Behufs Vergrösserung des Hubes der Ventilklappe bezw. des Hammers hat jene in der von ihr bedeckten Öffnung eine Verstärkung, welche, als Kolben wirkend, erst bei einem gewissen Hube dieselbe ganz frei werden lässt.
Die Bewegungs-Geschwindigkeit der Klappe bezw. die Kraft des Auftriebes ist bei Austritt der Verstärkung aus der Öffnung am grössten, von da an verlangsamt sich dieselbe, bis das Gewicht der Klappe und des Hammers die Auftriebswirkung aufhebt, die Geschwindigkeit und der Auftrieb gleich Null ist und die Klappe zuzufallen anfängt. Um die Wirkung und die Anzahl der Schläge zu vermehren, ist der Hammerstiel rückwärts verlängert und schlägt dort, wenn die Klappe soeben die Öffnung bewirkt, federnd an, den Hub dadurch begrenzend und die Kraft des Auftriebes rückwirkend machend.
Die Glocke ist derart an dem Gehäuse befestigt, dass der Hammer von aussen anschlägt, und zwar so, dass derselbe bei schliessender Klappe bezw. in der Ruhelage von der Glocke absteht und erst bei dem Schwingen der Klappe in Folge seines Gewichtes und der lebendigen Kraft durchfedernd anschlägt.
Während der Hammer nach dem Zufallen der Klappe die federnde Bewegung macht, bleibt die Klappe geschlossen; es wächst daher während dieser Zeit die Dampfspannung im Gehäuse und stösst die Klappe mit grösserer Anfangsgeschwindigkeit auf. Das Läutewerk schlägt in gleichmässigem Tempo.«
Na, nun ist alles klar, oder?

DIESELAMEISEN

Die Arbeit ist einer der besten Erzieher des Charakters.

- Samuel Smiles -

Als Anfang Januar 1994 die Döllnitzbahn GmbH den regelmäßigen Fahrbetrieb auf der Strecke aufnahm, konnte man bisweilen die Anwohner fast erschrocken in Richtung Schienenweg blicken sehen: Was war denn das, was da kleines Blaues die Gleise entlanggedröhnt kam? Verständlich, man hatte ja Zeit seines Lebens nur die Erfahrung machen können, daß eine Schmalspurlokomotive schwarz aussehen und mächtige dunkle Rauchwolken verbreiten müsse. Es soll sogar vorgekommen sein, daß anfangs die Autofahrer an den Bahnübergängen stehenblieben, um dem Zug bereitwillig die Vorfahrt zu gewähren, man weiß ja nie, was so ein Gerät im Schilde führt!
Inzwischen hat man sich an den Anblick gewöhnt, und die kleinen Diesellokomotiven sind beim Betriebsablauf auf der Döllnitzbahn unerläßlich. Deshalb wollen wir sie hier kurz erwähnen.
Die beiden in Mügeln eingesetzten Maschinen mit den Betriebsnummern 31 und 35 gehören einer größeren Serie von Lokomotiven an, die unter der Bezeichnung V10c ab Anfang der fünfziger Jahre beim damaligen »VEB Lokomotivbau 'Karl Marx' Babelsberg« gebaut wurden. Gedacht waren sie vor allem für schmalspurige Werks- und Feldbahnen, sie lösten damals mit ihren 102 Pferdestärken die vielen, bereits in den dreißiger Jahren entstandenen Kleinlokomotiven ab. Sie waren universell und bei nur geringen Änderungen am Fahrwerk auf Bahnen mit 600 bis 1000 Millimetern Spurweite einsetzbar.
Die beiden Mügelner Loks wurden 1961 beziehungsweise 1962 gebaut und gehören der MaLoWa, der Mansfelder Lok- und Wagenwerkstätte. Diese war bis zur »Wende« für den Fahrzeugeinsatz auf der Mansfelder Bergwerksbahn zuständig. Da die beiden Dieselloks nach Einstellung des Kupferbergbaus untätig

herumstanden, bot sich eine Vermietung an andere Interessenten an. Als PRO BAHN und Landkreis Oschatz daran gingen, ein Zukunftskonzept für unsere Strecke zu entwickeln und den Betriebsablauf ökonomischer zu gestalten, war man auf der Suche nach geeigneten Dieseltriebfahrzeugen und nutzte das Angebot der MaLoWa.
Seitdem sind sie zwischen Oschatz und Kemmlitz vor allem im Güterverkehr eingesetzt. Fast täglich kann man sie vor ihrer Stamm-Zugeinheit - den Kaolin-Kippwagen - auf der Strecke sehen. Auch die Reisenden konnten bereits Bekanntschaft mit ihnen schließen, so waren sie im Juni 1995 als Zuglokomotiven im S-Bahn-Verkehr anläßlich des Mügelner Stadtfestes eingesetzt. Außerdem ziehen sie mitunter Personen-Sonderzüge, und seit August 1995 befördern sie täglich Schüler in die Oschatzer Gymnasien.
An dieser Stelle soll noch kurz erwähnt werden, daß die Verdieselung der sächsischen Schmalspurbahnen keinesfalls ein Gedanke der Neuzeit ist. Bereits Ende der dreißiger Jahre baute man vier Dieseltriebwagen, von denen einer bis lange nach dem zweiten Weltkrieg auf dem Zittauer Schmalspurnetz im Einsatz

Die kleinen Blauen im Mügelner S-Bahn-Verkehr anläßlich des Stadtfestes 1995

stand. Auch für die Strecke Oschatz - Mügeln waren derartige Fahrzeuge geplant, die eine drastische Verkürzung der Fahrzeiten ermöglicht hätten. Doch wegen der faschistischen Kriegsvorbereitungen gab es seinerzeit erheblich »wichtigere« Aufgaben.
Den zweiten Anlauf startete man zu Beginn der sechziger Jahre. Damals entstanden zwei Baumusterlokomotiven, die auf dem Schmalspurnetz um Wilsdruff ausgiebig getestet wurden. Sie hatten, wie alle Neuentwicklungen, einige Kinderkrankheiten, die man aber hätte beseitigen können; dennoch unterblieb das, und die beiden Lokomotiven endeten auf dem Schrottplatz - bezeichnend für hochgesteckte Ziele sowie die Irren und Wirren ihrer Umsetzung im Osten Deutschlands!
Wir sehen's mit einem weinenden und einem lachenden Auge: Mit einem weinenden, denn der Ehrenplatz, den die Stadt Wilsdruff heute in den Verkehrsstau-Meldungen aller Rundfunkanstalten hat, erinnert täglich daran, daß in Sachsen ganze Schmalspurnetze der Spitzhacke zum Opfer fielen; mit jenen Diesellokomotiven wären viele Strecken - auch um Mügeln - erhalten geblieben. Andererseits: Wären sie damals nicht auf dem Schrott gelandet, so hätte dieses Schicksal alle Dampflokomotiven ereilt, kein Tourist würde heute den Wilden Robert benutzen!
Vielleicht bringt nun die dritte Dieselwelle unter Regie der Döllnitzbahn das Non-Plus-Ultra: Bald sollen moderne Triebwagen, aber auch erheblich leistungsfähigere Dieselloks zu sehen sein, und die alten Dampfer treten trotzdem nicht ihre letzte Reise zum Hochofen an. Ende gut, alles gut? Na, sicher!

FÜR TRAGLASTEN (UND PERSONEN!)

Wer gemächlich fährt,
der kommt auch noch zum Markt.

- Deutsche Volksweisheit -

Selbstverständlich sollen auch die Wagen vorgestellt werden, in denen wir unsere Reise auf dem Wilden Robert unternehmen.

Die ersten auf unserer Schmalspurbahn eingesetzten Personenwagen waren winzige zweiachsige Wägelchen mit nur je drei Fenstern pro Seitenwand und 16 Sitzplätzen auf längs angeordneten, einfachen gehobelten Holzbrettern. Die lichte Höhe im Innenraum betrug kaum 1,80 Meter, und auch sonst hatten diese Vehikel kaum etwas gemein mit unseren heutigen Vorstellungen bequemen Reisens, aber unseren Urgroßeltern genügten sie bis zum ersten Weltkrieg, um in ihnen durchs Oschatz-Müglner Land geschaukelt zu werden.

Ein weiteres Charakteristikum jener ersten Jahre war übrigens ein kleiner, in seiner Bauweise den Personenwagen angepaßter, gut sechs Meter langer und anderthalb Meter breiter Bahnpostwagen, denn mit Eröffnung unserer Schmalspurstrecken wurden die Postkutschen-Verbindungen eingestellt und die neuerbauten Eisenbahnen zur Postbeförderung genutzt. An diesen Wagen war die Aufschrift *»Kaiserliche Post.«* (ganz wichtig - der Punkt!) zu lesen, und drinnen verrichtete ein Postbeamter seinen gewissenhaften Dienst, er hatte an den Haltestellen für den Postaustausch zu sorgen und die Sendungen während der Fahrt zu sortieren und zu stempeln. Benutzt wurden spezielle Bahnpoststempel, auf denen Strecke und Zugnummer vermerkt waren; einige dieser Stempelabschläge haben sich bis in unsere Tage herübergerettet und zählen zu philatelistischen Raritäten.

Ursprünglich gab es vor allem Wagen dritter Klasse,

eine Zeitlang auch solche der spartanisch ausgestatteten vierten, die wenigen Sitzplätze zweiter Klasse, die damals dem Komfort unserer heutigen ersten entsprach, wurden vor allem von höheren Beamten bei Reisen zur Erfüllung ihrer dienstlichen Obliegenheiten benutzt. Aufgrund dieser Unterteilung nannten die sächsischen Eisenbahner ihre Personenwagen einfach »Klassen«, bei den Schmalspurbahnen noch heute!

Seit der Jahrhundertwende kamen dann nach und nach neue Wagen, vierachsige, breitere, mit langem Oberlichtaufbau, hier gab es richtige Bänke mit körpergerecht geschwungenen Sitzflächen und Lehnen aus lackiertem, hellem Eschenholz.

Die Klassen unseres Zuges gehören der dritten Generation sächsischer Schmalspurwagen an und entstanden ab 1908. Gefertigt wurden sie bei verschiedenen sächsischen Waggonbauanstalten, so unter anderem bei der Firma Busch in Bautzen.

Sie waren als Wagen für die vierte Klasse vorgesehen, daher war ihre Ausstattung ebenfalls eher spartanisch. Auch hier gab es ursprünglich nur einfache Holzbretter als Sitzgelegenheit, 48 Personen fanden Platz. Später dann, als die vierte Klasse wegfiel, wurden sie zu Traglastenwagen umfunktioniert. Sie waren anfangs besonders charakteristisch für die hiesigen Züge, denn zunächst war lediglich dem Handelsverkehr Rechnung zu tragen, vor allem die Dörfler nutzten die Züge, um zum Einkauf in die Städte zu fahren oder auf die Märkte zu gelangen und dort Waren feilzubieten. So bestimmten riesige Kiepen, Pänerte und Säcke voller landwirtschaftlicher Produk-

Altmügeln im Mai 1970: Allerhand kopf-betuchte Damen waren ausgestiegen, um einkaufen zu gehen.

te, Kisten mit schnatternden Gänsen und anderem Getier sowie allerlei andere »Traglast« das Bild in diesen Abteilen.

Mit den Jahren wandelte sich die Situation im Personenverkehr, denn als die Industriezentren mit Verdienst lockten und man da, wo man wohnte, immer seltener Arbeit fand, kam der Berufsverkehr auf, zu dem sich etwas später der teilweise erhebliche Schülerverkehr gesellte.

So kannten unsere Wagen regelrechte Stammreisegäste. Es war durchaus keine Besonderheit, wenn Berufspendler berichten konnten, im Schmalspurzug fünfmal entlang dem Äquator die Erde umrundet zu haben. Besonders treue Fahrgäste schafften in ihrem langen Berufsleben sogar die Strecke zwischen Erde und Mond! Dementsprechend wurde die tägliche Bahnfahrt zu einem wichtigen Bestandteil des Lebens, den man mit allerlei Tätigkeit auszufüllen trachtete. Bei den männlichen Pendlern war das Skatspielen beliebt, dies hatte zur Folge, daß ein sich in die Berufsverkehrszüge verirrender Gelegenheits-Fahrgast des öfteren seines eingenommenen Sitzplat-

So reiste die Wermsdorfer Jugend 1955. Die stabilen Koffer boten - wie zu sehen - erhebliche Vorteile.

zes verwiesen wurde, denn wie in jeder ordentlichen Kneipe hatten die Stammgäste selbstverständlich ihre Stammplätze!

Ab Anfang der fünfziger Jahre rekonstruierte man die Wagen, an den Langträgern angebrachte Firmenschilder verraten, daß diese Arbeiten vom »RAW 'Wilhelm Pieck' Karl-Marx-Stadt« ausgeführt wurden. Die zuvor hölzernen Außenwände wurden mit Blechplatten beplankt, und die Innenausstattung änderte sich. Damals erhielten sie die grünen kunstlederbezogenen Holzbänke. Seitdem sind bereits wieder vierzig Jahre ins Land gegangen, und so mutet dieses Interieur für unseren heutigen Geschmack schon wieder recht nostalgisch an.

Anläßlich dieser Revision wurden an den Wagen auch andere technische Verbesserungen vorgenommen, so eine Dampf-Heizung und modernere Bremsanlage eingebaut.

Die ursprünglich bei der Mügelner Schmalspurbahn eingesetzten Personenwagen behielten dagegen bis

Vor der Abfahrt mußten die Züge »zusammengebunden« werden:

zuletzt die Heberlein-Bremse. Dies war eine Seilzugbremse, deren Seil mit Hilfe kleiner Führungsrollen über die Wagendächer bis zur Lokomotive verlief und dort auf dem Führerstand in einem Kurbelkasten endete.

Entspannte der Lokführer das Seil, so bewegte sich eine an der Wagenstirnwand angebrachte senkrechte Stange nach unten und drückte mittels eines Hebelmechanismus zwei Reibrollen an eine Achse des Wagens. Bei Bewegung des Zuges wickelten diese

... die »Heber-Leine«

wiederum eine Kette auf, die dann an einem Hebel zog, und über ein sinnreich erdachtes Gestänge wurden die Bremsbacken an die Räder gepreßt.
Der technisch Interessierte kann diese Einrichtung noch heute während des Aufenthalts in Mügeln bei den abgestellten alten Wagen begutachten, denn hier blieb diese historische technische Rarität bis 1987 in Betrieb. Seitdem geht nun nicht mehr die Bremsleitung durch die Luft, sondern im wahrsten Sinne des Wortes die Bremsluft durch die Leitung. (Den exakten Physikern müssen wir allerdings gestehen, daß das nicht ganz den Realitäten entspricht, genaugenommen *»geht ein Vakuum durch die Leitung«*, die historischen Fahrzeuge sind nämlich mit einer Saugluftbremse ausgestattet, die ab den zwanziger Jahren wegen ihrer einfachen Bauweise ihren Siegeszug auf den sächsischen Schmalspurbahnen antrat.)
Die Heberlein-Bremse war eine der ersten selbsttätig wirkenden und durchgehenden Zugbremsen bei den Eisenbahnen Deutschlands. Die sächsischen Schmalspurbahnen sind bei ihrer Entstehung ab Mitte der zweiten Hälfte des vorigen Jahrhunderts also hochmodern ausgestattet gewesen! Selbst auf regelspurigen Hauptbahnen war so etwas seinerzeit noch nicht gang und gäbe, bis in die zwanziger Jahre waren insbesondere für Güterwagen Bremserhäuschen charakteristisch, in denen Eisenbahner saßen, die auf spezielle Pfeif-Signale der Lokomotive hin an großen Handkurbeln drehten, um die Bremsen zu bedienen. Warum diese automatische Bremse ausgerechnet bei den Schmalspurbahnen eingeführt wurde, dürfte dem Leser verständlich sein, wenn er die Kapitel über die Geschichte unserer Bahn aufmerksam gelesen hat: Zum einen entsprach sie dem Sparsamkeits-Prinzip - jeder Bremser kostete schließlich Geld! -, zum anderen kam es vor allem bei den Schmalspurbahnen auf eine zuverlässige und wirksame Bremse an, denn diese führten ja oft mitten durch belebte Ortschaften und kreuzten vielbefahrene Straßen.
Mit der Zuverlässigkeit gab es jedoch bisweilen Pro-

bleme. Mitunter kam es vor, daß sich das Seil oder die sogenannten Frösche, mit denen die einzelnen Seilenden miteinander verbunden wurden, in den Führungsrollen verhakten. Auch in harten Wintern wurde das Seil stocksteif, und die Bremse funktionierte nicht mehr. Das war übrigens eine der Ursachen für den weit über die Grenzen Sachsens hinaus bekannt gewordenen »Schrebitzer Brückensturz« im Jahre 1918, bei dem fünf Reisende den Tod fanden: Ein aus Döbeln kommender Güterzug konnte nicht zum Halten gebracht werden, er fuhr im Bahnhof Töllschütz auf einen Personenzug auf, der wiederum rückwärts die steile Strecke in Richtung Mügeln hinunterrollte; auf der hohen Schrebitzer Brücke entgleisten die Wagen schließlich, stürzten ab, und obenauf krachte die Lokomotive.

Die konstruktiven Besonderheiten der »Heber-Leine« machten Notbrems-Griffe in den Wagen unmöglich, die Zugpersonale trugen immer ein scharfes Messer bei sich, mit dem sie jederzeit das Seil durchschneiden konnten, worauf der Zug augenblicklich stand. Auch jeder Fahrgast konnte das im Notfalle! Mitunter riß die Leine aber von selbst, was einen unfreiwilligen längeren Aufenthalt des Zuges nach sich zog, denn ein Eisenbahner mußte vor der Weiterfahrt seine akrobatischen Fähigkeiten unter Beweis stellen und über die Wagendächer klettern, um ein neues Seil einzufädeln. Gefreut haben sich dagegen zumeist die mitreisenden Schüler, denn solche Zwischenfälle sollen stets vor dem unbeliebten Latein-Unterricht passiert sein. Allerdings bestreiten sie heute, danach befragt, damals ein Taschenmesser besessen und womöglich noch benutzt...

Bis zur Einstellung des Reiseverkehrs 1975 blieben in den Wagen auch die kleinen Kanonen-Öfen in Betrieb, da die meisten Züge als Güterzüge mit Personenbeförderung verkehrten und an den Güterwagen keine Dampfheizleitung vorhanden ist. Weit verbreitet ist daher heute das Klischee anheimelnder Gemütlichkeit in den mollig warmen Bimmelbahnwagen;

die Reisenden haben's seinerzeit sicher ganz anders empfunden. Besonders in den Nachkriegsjahren, als Brennstoffe knapp und es noch richtige Winter gab, wurden regelrechte Machtkämpfe um die besten Sitzplätze am Ofen ausgetragen. Manch Reisender erntete vielsagende Blicke und böse Worte eines Zugbegleiters, wenn bereits in Mügeln der bereitstehende Kohleeimer leer war. Dagegen berichten oft ältere Damen mit verklärtem Blicke, daß ihnen damals - der Schaffner war auch nur ein Mann - geradezu offeriert wurde, doch ruhig noch ein Paar Kohlen aufzulegen. Uns mutet es heute etwas eigenartig an, daß sich ältere Menschen besonders gern an die schweren Nachkriegsjahre erinnern, wahrscheinlich war es wirklich so, daß die Not irgendwie verband und einte.
Eine ähnliche Entwicklung und ständige Modernisierung hat die Beleuchtungseinrichtung der Wagen erfahren. Anfangs hängte man in die Abteile kleine Rüböl-Funzeln, die aber bald durch Leuchtgas-Lampen ersetzt wurden. Unter dem Boden eines jeden Wagens waren lange zylindrige Gasbehälter angebracht, die während der Stillstandszeiten der Züge gefüllt werden mußten. In Mügeln existierte noch bis 1964 ein spezieller Gaskesselwagen, in dem das Gas transportiert wurde, später dienten aufgebockte Regelspurwagen der Hauptbahn diesem Zweck. Heute ist das alles schon lange Geschichte, und uns beleuchtet bei den Mondscheinfahrten elektrisches Licht, gespeist aus Akkumulatoren, die im Packwagen untergebracht sind.
Trotz aller Modernisierungswellen: Eine Fahrt in den Wagen des Wilden Robert genießen die heutigen Reisegäste stets mit nostalgischer Verklärtheit!

DER ALTE ROBERT UND DIE JUGEND

Wer Jugend schilt und Jugend scheucht,
Einsam durch mürr'sches Alter kreucht.

- Karl Immermann -

Besonders faszinierend ist eine Bimmelbahnfahrt natürlich für die Jüngsten. Kein Wunder, denn ihnen - an schnelle Autos gewöhnt - kommt eine Fahrt mit dem langsam dahinbimmelnden und dem Märchenbuch der Großmutter entsprungen zu scheinenden Wilden Robert einem Wunder aus einer anderen Welt gleich.

Schon für uns gehörte die alljährliche Reise in den Sommerurlaub bei den Großeltern im Mügelner Land zu den schönsten Erlebnissen. Das war in den sechziger Jahren. Zu jener Zeit fuhr hierzulande noch keiner nach Mallorca, und auch Autos waren nicht allgemein üblich. Wer verreisen wollte, der stürzte sich ins Abenteuer auf dem Schienenstrang; aus Kostengründen benutzte man die Bummelzüge mit ihren ständig rumpelnden Personenwagen aus den dreißiger Jahren, die auf jedem größeren Bahnhof eine Weile hielten, um den »Gegenverkehr« vorbei zu lassen. Wichtigstes Reiseutensil war deshalb ein großes »Bemmen-Paket« nebst »Bliemchen« aus der Thermosflasche, und die von Schienenstoß zu Schienenstoß klappernden Radsätze lieferten die Begleitmusik zu den Mahlzeiten.

Unsere Reise führte damals vom Erzgebirge über »Zwicke« und »Gorl-Morx-Stodt« zunächst nach Döbeln. Von dort ging es dann größtenteils im Schienenersatzverkehr weiter bis Mügeln, doch ab hier wurde - eine Busverbindung gab's noch nicht - die Bimmelbahn benutzt!

Mügeln war noch ein »richtig großer Bahnhof« und präsentierte sich dem Reisenden im Flair einer wichtigen Hauptbahnstation. Ehrfürchtig durch die Scheiben des Wartesaals die ein- und ausrollenden Züge sowie das Rangiergeschehen beobachtend, wartete man, bis gemessenen Schritts der Eisenbahnbeamte mit seinem großen Schlüssel kam. Mit pflichtbewußtem Pathos entriegelte er die Tür zum Bahnsteig, und nun wurden unter seinen gestrengen Blicken in größter Gewissenhaftigkeit die Fahrkarten kontrolliert. Endlich durfte man hinaustreten.

Da stand er, unser »Neichner«, voran die qualmende Lok, es folgten aufgerollte Regelspurwagen, zwei-drei davon mit Kohle beladen, auch ein Klappdeckelwagen mit Kalk war dabei, dahinter ein offener Schmalspurwaggon, ein Packwagen und schließlich drei Klassen, sprich Personenwagen, darunter einer mit der Aufschrift »Für Traglasten«. Dieser wurde dann gewählt, schließlich versprach er ausreichend Platz für Kinderwagen und voluminöses Reisegepäck. In stürmischem Eifer wurde ein Fensterplatz gesucht - der aufregendste Teil der Reise begann.

Was gab es nicht alles zu entdecken! So der Eisenbahner, der, auf seinem Podest stehend, die Schranken heruntergekurbelt hatte und nun dienstbeflissen den Zug mit den Augen verfolgte. In Altmügeln wurde ein Traktor erspäht, der gerade einen Güterwagen auf eine Wagendrehscheibe rangierte. In Nebitzschen, das wir - des Lesens noch unkundig - als »Schneewittchen« interpretierten, war direkt am Bahnsteig ein Schaf angepflockt, das, von Neugier geplagt, beim Halt seinen Kopf auf den Perron des Wagens hinaufstreckte und den Reisenden ein zunftgemäßes, aber sehr herzliches »Mäh!« entgegenschmetterte. In Glossen war zu beobachten, wie dicke Gesteinsbrocken von der hohen Rampe aus den Feldbahnloren in die unten bereitstehenden Güterwagen donnerten; und hinter Gröppendorf peitschten die Zweige der dicht am Gleis stehenden Bäume gegen die Wagenwände und mahnten: »Kopf 'rein!«

Schließlich die Einfahrt in Mahlis, nach Durchfahrt einer Kurve kam hinter der Häuserzeile das kleine hölzerne, rotbraun gestrichene Bahnhofsgebäude zum Vorschein, wo schon von weitem das Kopftuch der Großmutter leuchtete. Man war angetreten, die Urlauber zu begrüßen - allen voran der Großvater mit seinem großen Leiterwagen...

Ein ganz anderes Verhältnis hatten dagegen die Schüler, die mit der Bahn täglich in die Penne fuhren. Erhaben über die, die im Internat wohnten, nannten sie sich stolz »Fahrschüler«. Mancher verbrachte insgesamt einhundert Tage seines jungen Lebens in der Schmalspurbahn. Sie war die vorletzte Gelegenheit, die Hausaufgaben aus dem Heft des Klassen-Primus abzuschreiben, die Nach-Hause-Fahrten wurden dagegen für Mutproben - wie das Überspringen von Wagen zu Wagen - genutzt, wobei so mancher hoffnungsvolle Nachwuchs-Denker der Menschheit seiner Schulmappe mitsamt dem Sammelsurium darin enthaltenen geballten Wissens verlustig ging. Bevorzugt wurde die Reise auf den Plattformen, die sich hervorragend als Arena für auszutragende Ringer-Wettkämpfe eigneten. Die Schaffner sahen das natürlich nicht besonders gern, Spundus hatten die Lausebengel insbesondere vor der imposanten Erscheinung eines schnauzbärtigen Zugführers namens Emil, der beeindruckend schimpfen konnte. Folgenschwer war, wenn man nachsitzen und dann dem Zug nachtrotten mußte. Einige haben das mehrmals geschafft, allerdings war keiner darunter, der dann alle Schwellen von Oschatz Süd bis Mügeln gezählt hat, spätestens in Altoschatz gab man das auf!

Auf dem Streckenteil nach Wermsdorf war eher der Berufsschulverkehr charakteristisch, die Jugend der umliegenden Dörfer besuchte die Mügelner Berufsschule, man stieg in Altmügeln ein und aus. Bei der Heimreise nutzte man die Wartezeit bis zur Abfahrt des Zuges zum Aufwärmen in einer der seinerzeit zahlreichen in der Nähe liegenden Gaststätten. Da das spärliche Lehrlingsentgelt nicht für ein üppiges Menü reichte, bestellte man sich eine heiße Brühe und packte seine »Bemmen« aus der Schultasche.

Es gab Jugendliche, die betrachteten den Wilden

Robert als eine Art Trainingsgerät. So wissen Mügelner von einem Fußballer zu berichten, der stets bei der Vorbeifahrt an der »Flocke« aus dem Zug sprang, durchs Betriebsgelände lief und auf der anderen Seite mit einem gewaltigen Satz wieder das Trittbrett erklamm. Einmal verpaßte er allerdings den Aufsprung, erst in Schweta holte er den Zug wieder ein. Weniger Sport denn Bequemlichkeit war die (Un-)Sitte in der Oschatzer Bahnhofstraße abzuspringen, wenn der Zug langsam die Steigung hinaufkroch. Einige hundert Meter Fußmarsches waren so einzusparen!
Ein nicht alltägliches Erlebnis für Kinder brachte der alljährlich stattfindende »Tag des Eisenbahners« - wohl der einzige Feiertag für das »werktätige Volk« in der DDR, der auch nach außen hin zünftig gefeiert wurde. An diesen Tagen fuhren oft Sonderzüge, die immer vollbesetzt waren, was vielleicht etwas kurios anmutet, hätte man doch damals jeden Tag mit der Dampfschmalspurbahn fahren können! Den Reiz dieser Sonderfahrten machte wahrscheinlich die Tatsache aus, daß den Zügen mit Sitzbänken ausgestattete offene Güterwagen beigestellt waren, die zu einem besonderen Freiluft-Vergnügen einluden.
Doch auch die an der Strecke Wohnenden hatten ihre Freude an der Bahn, so erzählte ein leider viel zu früh verstorbener Oschatzer einmal in geselliger Runde, was man so alles erleben konnte: Eines der liebsten Spielzeuge aller Kinder war schon damals das Wasser, selbst wenn es wegen der triefenden Kleidung zu Hause gewaltig Schwumse gab. Magische Anziehungskraft übte folglich der riesige See aus, der sich seinerzeit alljährlich nach der Schneeschmelze bei Altoschatz bildete, und so waren unser Erzähler und seine Freunde im Frühjahr nur dort zu finden.
Es begab sich nun, daß eines Tages eine Motordraisine der Bahnmeisterei, von Mügeln kommend, heranknatterte. Sofort hielt die Seeräuberbande in ihrem Spiel inne, zu beeindruckend war das Schauspiel dieses das Wasser hoch aufspritzenden Amphibienfahrzeugs. Doch just in dem Moment, als der uner-

schrockene Fahrer mitten auf dem See war, verstummte der Motor des Gefährts, sicher war Wasser eingedrungen. All seine Versuche, die Draisine wieder ingangzusetzen, schlugen fehl. Rufend und gestikulierend bedeutete er den Jungs, doch Hilfe herbeizuholen.

Aber das Gefuchtle und Geschreie half ihm wenig. Nicht nur, daß die Bengels wie angewurzelt in Erwartung dessen, was da wohl kommen werde, am Ufer stehenblieben, nein, man zog Grimassen, machte sich über den Ärmsten lustig und ließ ihn schließlich laut zeternd und bereits heiser im Wasser stehen.

Wer jedoch glaubt, daß die Jugend von heute dem Alter mehr Achtung entgegenbringen würde als die von damals, irrt gewaltig! Dies mußte unlängst sogar der Nikolaus erleben, als er - schwer bepackt - unsere Schmalspurbahn bereiste und dem jungen Reisepublikum eine Freude bereiten wollte. Als er nämlich auf einen mit großen Augen und anscheinend reinem Herzen ungeduldig sein Geschenk erwartenden vierjährigen Jungen zuging, hub die Lokomotive plötzlich an zu pfeifen, und der Zug setzte sich in Bewegung. Alles andere vergessend, kehrte Hosenmatz dem schenkfreudigen Herrn den Rücken und lief zum Fenster.

Weder Flehen noch beeindruckendes Brummen, noch Drohen mit der Dienstwaffe halfen: Die bimmelnd vorbeiziehende Landschaft fesselte alle seine Sinne. Lediglich eine abwinkende Geste hatte er noch für den Alten übrig, die zu bedeuten schien: »Laß mich in Ruhe, ich habe jetzt keine Zeit, was du bloß willst, ich habe jetzt wichtigeres zu tun!«

Letzten Endes mußte die Mama zur Freude der anderen, bereits belustigten Fahrgäste ein schönes Weihnachtslied singen...

Hinlänglich bekannt bei den Begleitpersonalen der Dampfzüge ist auch ein Stammreisegast, der sich wenig um den Verwaltungsaufwand schert, den er hervorruft: Bei jeder Sonderfahrt läuft er auf den Oschatzer Bahnhof, um für sein knappes Taschen-

geld eine Fahrkarte zur Reise ins einen Kilometer entfernte Oschatz Körnerstraße zu erstehen. Man schreibt ihm aber gern eine Karte aus, denn wer weiß, vielleicht wird er eines Tages einmal ein aktives Mitglied im Mügelner Traditionsverein?
Und schließlich gäbe es noch vieles von den »neuen« Fahrschülern zu berichten, die unsere Schmalspurbahn seit kurzem wieder täglich benutzen, wenn auch »nur« in einem Dieselzug. Die Lehrer der Oschatzer Gymnasien wissen zu berichten, daß sie im Gegensatz zu den »Busschülern« ausgesprochen belustigt zum Unterricht erscheinen. Doch darüber könnte man schon wieder ein ganz neues Buch schreiben!
Auf alle Fälle gibt es Grund zur Hoffnung, daß der Wilde Robert uns alle überleben und auch die folgenden Generationen noch einladen wird zu einer Reise durchs Oschatz-Mügelner Land.

Auch heutige Schüler können wieder einen tollen Schulweg haben!

Zum Schluß der Zugschluß.
Hier hängt er am ersten Schülerzug, der zwar der erste, aber noch lange nicht der letzte war!

Der »Wilde Robert« in Sachsen dampft für seine unzähligen Freunde heute nur noch zwischen Oschatz, Mügeln und Kemmlitz, doch inzwischen weiß jeder:

AUCH WERMSDORF WILL SEINE SCHMALSPURBAHN WIEDERHABEN!

Die Schmalspurstrecke Mügeln–Wermsdorf–Neichen wurde am 1. November 1888 eröffnet und machte den Bahnhof Mügeln zum Zentrum des ersten Schmalspurnetzes in Sachsen.

Am 30. September 1972 wurde der Verkehr zwischen Wermsdorf und Mügeln eingestellt. Eisenbahnfreunde und Anliegergemeinden sind sich einig: Das kann nicht das Ende gewesen sein!

Auch wir beteiligen uns und rufen auf:

KAUFT SCHWELLEN FÜR DEN »WILDEN ROBERT«!

Mit dieser Aktion bieten wir allen Eisenbahn-Enthusiasten und Freunden der schmalen Spur die Chance, sich durch den symbolischen Kauf von Schmalspurschwellen im Wert von je

50,- DM

am Aufbauwerk zu beteiligen. Ihren Beitrag nehmen wir gern ab sofort auf folgendem Sonderkonto entgegen:

Konto: 135 314 307, BLZ: 860 655 28,
RAIFFEISENBANK WERMSDORF
(Als Verwendungszweck bitte »Schwellen« angeben!)

JEDE SCHWELLE WIRD MIT DEM NAMEN IHRES STIFTERS VERSEHEN, JEDER STIFTER ERHÄLT EIN ZERTIFIKAT ÜBER DEN EINBAUORT SEINER SCHWELLE.

Förderverein »Wilder Robert« e.V.,
Bahnhofstraße 2, 04769 Mügeln

Sehr geehrte Leser,

alljährlich unternehmen unzählige Ausflügler eine Reise mit dem Wilden Robert durchs Oschatz-Mügelner Land.
Damit auch Sie zu unseren Fahrgästen gehören können, möchten wir Ihnen den derzeit gültigen Jahresfahrplan nicht vorenthalten:

12500 Oschatz - Mügeln (b.O.) **- Kemmlitz** und retour.
Döllnitzbahn G.m.b.H. (DBG).
Alle Züge führen die 2. Wagenklasse.

☞ Giltig bis zum 1. Juno 1996. ☜

	Zug	P 202.	P 740.	P 204.	P 218.
Oschatz Hbf.	ab	9^{50}	...	13^{00}	16^{58}
Mügeln (b.O.)	an	10^{33}	...	13^{43}	17^{41}
Mügeln (b.O.)	ab	...	10^{37}	14^{30}	...
Kemmlitz Bbf.	an	...	11^{02}	14^{54}	...

	Zug	P 201.	P 741.	P 203.	P 205.
Kemmlitz Bbf.	ab	...	11^{15}	...	15^{14}
Mügeln (b.O.)	an	...	11^{37}	...	15^{38}
Mügeln (b.O.)	ab	8^{40}	...	11^{43}	15^{43}
Oschatz Hbf.	an	9^{23}	...	12^{26}	16^{26}

Reise-Billetes sind in den Billett-Ausgaben der Bahnhöfe Oschatz und Mügeln (b.O.) sowie beim Conducteur am Zuge erhältlich.
Verspätete Anschlüsse der Staats-Eisenbahn Leipzig-Riesa-Dresden werden abgewartet!

Zur Beachtung: Die ausgewiesenen Züge verkehren nur am letzten Sonntag eines jeden Monats sowie am 7. u. 8.4.96 (Osterfest) und am 27.5.96 (Pfingsten), die Züge 203, 204, 205 u. 218 auch am 3., 10., 24. u. 26.12.95 anläßlich des Weihnachtsfestes.
Am 10.12.95 werden St. Nikolaus sowie am 7. u. 8.4.96 der Osterhase die hochgeschätzten Reisenden beehren.

Natürlich lassen wir auch Sonderzüge ganz nach Ihren Wünschen verkehren, sei es anläßlich Ihrer Hochzeit und anderer Familienfeste, Klassentreffen oder Betriebsausflüge.

Wir würden uns freuen, Sie bald begrüßen zu dürfen!

Döllnitzbahn GmbH (DBG) Tel./Fax: (034362) 32447
Förderverein »Wilder Robert« Tel.: (03435) 922267
Bahnhofstraße 2, 04769 Mügeln

Unterwegs mit Sax-Führern

Heimatgeschichtliches wie Touristisches
zum Leipziger Land und Muldenraum
im bewährten Westentaschenformat 19.5 x 10.5 cm,
broschiert mit farbigen Stadtplänen/Ausflugskarten

Leipzig
von Lutz Heydick
84 Seiten, 3.- DM, ISBN 3-9802997-7-5

Grimma und Muldental
von Rudolf Priemer
88 Seiten, 10.- DM, ISBN 3-9802997-1-6

Colditz
von Rudolf Priemer und Wolfgang Stadler
60 Seiten, 10.- DM, ISBN 3-9802997-7-5

Wandern im Wurzener Land
von Lutz Heydick
60 Seiten mit 45 Farbfotos und Beilagekarte,
10.- DM, ISBN 3-9802997-4-0

Mutzschen - Wermsdorf
von Rudolf Priemer
72 Seiten mit 20 Farbfotos und 25 Zeichnungen,
10.- DM, ISBN 3-930076-04-7

Wanderungen in der Parthenaue
von Lutz Heydick und Bernd Hoffmann
55 Fotografien von Werner Fiedler, 6 Karten
72 Seiten, 14.80 DM, ISBN 3-930076-05-5

Pegau - Groitzsch *(in Vorbereitung)*
von Tylo Peter
120 Seiten mit 30 Farbfotos und 20 historischen
Abbildungen, 14.80 DM, ISBN 3-930076-19-5

Neuauflage in Vorbereitung:
Parthendörfer – Steinbrüche – Autobahnseen
Wandern um Machern, Beucha/Brandis, Naunhof
von Lutz Heydick
Fotografiert von Werner Fiedler
120 Seiten, 14.80 DM, ISBN 3-9802997-2-4